新雅
名人館

…音樂巨人…
貝多芬

編著　馬翠蘿

U0108413

新雅文化事業有限公司
www.sunya.com.hk

新雅●名人館

音樂巨人 貝多芬

編　　著：馬翠蘿
內文插圖：黃穗中
封面繪圖：歐陽智剛
策　　劃：甄艷慈
責任編輯：周詩韻
美術設計：何宙樺
出　　版：新雅文化事業有限公司
　　　　　香港英皇道499號北角工業大廈18樓
　　　　　電話：（852）2138 7998
　　　　　傳真：（852）2597 4003
　　　　　網址：http://www.sunya.com.hk
　　　　　電郵：marketing@sunya.com.hk
發　　行：香港聯合書刊物流有限公司
　　　　　香港荃灣德士古道220-248號荃灣工業中心16樓
　　　　　電話：（852）2150 2100
　　　　　傳真：（852）2407 3062
　　　　　電郵：info@suplogistics.com.hk
印　　刷：中華商務彩色印刷有限公司
　　　　　香港新界大埔汀麗路 36 號
版　　次：二〇一六年七月二版
　　　　　二〇二四年四月第二次印刷

ISBN: 978-962-08-6589-3

前言

　　如果我告訴你，世界上曾經出現過一位聽不見聲音的偉大音樂家，你一定不相信。因為音樂是一門聽覺藝術，聽不見聲音的人，怎麼可能寫得出動聽的樂曲呢？

　　但這是千真萬確的事，這位偉大音樂家的名字，就叫做路德維西·貝多芬。

　　1770 年，貝多芬出生於德國萊恩，他的祖父和父親都是宮廷樂師。他從五歲開始學習音樂，八歲開始學習作曲，十二歲便成為了宮廷樂隊裏一名出色的管風琴師。二十多歲時以他出色的鋼琴演奏和創作技巧，風靡了整個維也納。

　　然而正在這時候，命運向他提出了嚴重的挑戰，他開始失去聽覺。耳聾，對平常人來說是生命中的一種遺憾，對音樂家卻是整個世界的毀滅。貝多芬痛苦、絕望，甚至寫下了遺書，想了結生命。但他最後還是堅強地活了下來，只因為他作為一個音樂家，知道自己還有着未竟的藝術使命。他以超人的意志，飛越了那一般人都難以克服的障礙，為人類留下了一曲又一曲燦爛的樂章。

　　貝多芬曾經跟莫扎特、海頓等著名音樂家學

習，但是，他的成就又很快超越了他的老師。他在將古典主義的音樂性能發揮到極致的同時，又打破古典音樂那種刻板的結構常規，使之更靈活緊湊，更豐富多彩和激動人心，把古典音樂從美的境界帶進了崇高的境界。可以這麼說：音樂，由貝多芬從刻板嚴格的枷鎖下解放了出來；由於他，音樂從死的學術一變而成為活的意識。

貝多芬稱得上是古往今來最偉大的音樂家，他對整個十九世紀所產生的巨大影響，至今還未告終。他的作品，且到今天仍然是世界上被演奏得最多的，他的音樂思想，孕育着一代又一代的音樂大師，門德爾松、舒曼、勃拉姆斯、李斯特、柏遼茲、瓦格納……

貝多芬的樂曲，將千秋萬代伴隨着地球人類，永不消逝！

目錄

一 快樂的童年

在德國，有一座古老而又美麗的城市——波恩。波恩坐落在萊恩平原上，整個城市被一片綠色的原野環抱着。身邊，是滔滔的萊茵河水；背後，是直插藍天的塞文山脈；萊茵河邊，到處可以看得見陡峭的懸崖和一些破舊的古堡。這情景，令人想起了童話裏的世界。而一個偉大音樂家貝多芬的誕生，又給這個童話世界添上了一段美麗動人的傳奇故事。

公元 1770 年 12 月 16 日，波恩巷一座簡陋的小閣樓裏，一個小男嬰呱呱墜地了。母親瑪格達蓮娜軟弱無力地躺在牀上，看着那個皮膚黝黑、額頭突出、鼻子又短又粗的男孩子，心裏充滿了喜悦。

老祖父路德維西·貝多芬聞訊趕來了，這個宮廷合

知識門

波恩：
德國一個風景優美的古城。在萊茵河西岸，13 世紀至 18 世紀時是科隆選帝侯國的首府。貝多芬在二十二歲前都生活在這裏。1889 年，他的故居被闢為紀念館，收集有文稿、文獻和樂器等。

萊茵河：
歐洲第一大河。發源於阿爾卑斯山北麓，西北流經列支敦士登、奧地利、法國、德國、荷蘭，在鹿特丹附近注入北海。全長一千三百二十公里。

唱團的樂長、著名的男高音歌唱家，高興得亮開了他的大嗓門，一邊哈哈大笑着，一邊俯身去欣賞自己的第一個小孫兒。小男嬰剛好睜大了眼睛，那雙眼睛好亮好亮，充滿着好奇，充滿着聰慧，老路德維西欣慰地笑了，這才是貝多芬家的後人，這孩子將來一定比他父親更有出息。

瑪格達蓮娜說：「爸爸，給孩子起個名字吧。」

老路德維西想了想，對媳婦說：「這孩子像我，就用我的名字給他命名吧！」

瑪格達蓮娜很開心，她喃喃地說：「路德維西·貝多芬，多好聽的名字。」

這時候，房門被人砰地推開了，一個滿身酒氣醉醺醺的人走了進來，他叫約翰，是剛出生的小男嬰貝多芬的父親，當他看到搖籃裏的嬰兒時，矇矓的眼睛馬上變得明亮起來，他輕輕地把嬰兒抱了起來，驚喜地說：「兒子，我有兒子啦！真好，我有兒子啦！」

躺在牀上的瑪格達蓮娜長長地歎了口氣，老路德維西則語重深長地說：「約翰呀，你已經做爸爸了。為了照顧好你的妻子和兒子，快把你的酒戒了吧。」

約翰本是一個很出色的音樂家，但是，酒毀了他，他將所有的錢都拿去換了酒喝，家裏常常窮得連吃飯的錢都沒有。看着兒子亮晶晶的眼睛，他覺得很慚愧，他

説：「爸爸，瑪格達蓮娜，真對不起！請你們相信，我以後會戒酒的，為了兒子，我會重新做人的。」

小貝多芬就像小福星一樣，給這個貧窮而又死氣沉沉的家庭帶來了生機。父親約翰不再酗酒了，他很努力地掙錢，每天除了去宮廷樂隊當小提琴手之外，還到一些貴族家庭做家庭教師。豐厚的收入，使貝多芬家的生活漸漸富裕起來。

母親瑪格達蓮娜愁苦的臉上開始有了笑容。這是一位典型的賢妻良母，她雖然身體不大好，但每天卻是起早摸黑，將家裏大小事務打理得妥妥貼貼，從不讓丈夫操半點心。丈夫不爭氣的時候，她沒有半句怨言，現在丈夫變好了，她更是竭盡全力，努力為丈夫和兒子營造一個溫馨的家。

知識門

小提琴：
弓弦樂器。古代東方弦樂器在歐洲長期演變而成，15世紀末至16世紀後期逐漸定型。木製，分琴頸和琴身兩部分，全長有六百毫米，有四根弦。是獨奏、重奏和管弦樂隊中的重要樂器。

古鋼琴：
鍵盤樂器。15至18世紀流行於歐洲，後為鋼琴所取代。

貝多芬的童年是幸福的。父母對他都很疼愛，老祖父更是將他當作寶貝，一有空就跑來看小孫了。有時就乾脆把小孫子帶回自己家裏，一呆就是幾小時。

老祖父總喜歡把小貝多芬抱到古鋼琴前面，給他彈奏活潑優美的兒童歌曲。每當這時候，小貝多芬就特別

乖，聚精會神地聆聽着，有一次，還不大會説話的貝多芬居然隨着琴聲小聲地哼了幾句。老祖父彈琴的手停住了，他驚喜地望着小孫子，音很準，節拍也對，這真是個音樂小天才呀！老祖父興奮得將貝多芬高高舉過了頭頂，大聲説道：「好小子，咱們這個音樂世家後繼有人了！」

從此，老祖父對貝多芬更疼愛了，他很耐心地教給小孫子一些簡單的樂理知識。他決心要好好培養這個小孫子，他總覺得這孩子長大以後，一定會成為貝多芬家族的驕傲。貝多芬也很喜歡祖父，他將祖父的教導，牢牢地記進了自己的小腦袋裏。

1773 年的聖誕節到來了。這一天，下了一場很大很大的雪，波恩城銀裝素裹，更像一個美麗的童話世界了。母親瑪格達蓮娜一大早起牀，就在廚房裏忙着準備聖誕晚餐。貝多芬一個人跑到院子裏堆雪人，他很開心，因為爺爺很早前就答應過，要送一份很特別很神秘的聖誕禮物給他。雪人堆好了，貝多芬在上面畫了兩隻大大的眼睛，一個彎彎的笑嘴巴，他覺得，這就是他親愛的爺爺。想了想，他找來了一根小木棍，靠在雪人身邊，爺爺老了，在雪地上走路容易摔倒，這根小木棍就給爺爺做拐杖。

　　天黑了，貝多芬和爸爸媽媽圍坐在餐桌前，等候着爺爺的到來。豐盛的晚餐，旺旺的爐火，屋子裏一片溫馨。貝多芬側着耳朵，希望聽到屋外響起爺爺的腳步聲，想着爺爺將送他一份怎麼樣的禮物。桌上的蠟燭快燃盡了，豐盛的晚餐也涼了，可是爺爺還沒有來。貝多芬等着等着，不知不覺睡着了。

　　貝多芬一直睡到第二天早上才醒來，他睜開眼睛，見到母親坐在他牀邊，顯得很憂傷。貝多芬一骨碌坐了起來，問母親：「爺爺呢？他來了沒有？」

　　母親的眼裏滾出了淚珠，她把小貝多芬摟在懷裏，嗚咽着説：「他不能來了，永遠也不能來了。」

　　原來，爺爺就在聖誕節的晚上突然發病，離開了人，離開了這個世界。

　　爺爺的去世，給貝多芬一家打擊很大。約翰的事業發展不如意，又沒有了父親的管束，他又開始酗酒了。家庭經濟又開始走下坡，母視瑪格達蓮娜的臉上又布滿了愁苦，小貝多芬的歡樂童年彷彿也隨着爺爺的去世而消失了。

想一想

1. 貝多芬的出生，為他的家庭帶來了什麼
   變化？

2. 爺爺是怎樣發現貝多芬的音樂天分的？

二 音樂神童

爺爺去世第二年，貝多芬添了個小弟弟，取名叫卡爾。家裏人口多了，原先住的小閣樓也顯得太擠，爺爺生前的好友費爾知道後，就把自己一棟寬敞的房子以較低廉的租金租給了他們。於是，貝多芬一家人便搬到了那間位於萊恩巷的房子裏。

約翰是個好客的人，他常常邀請一些樂師朋友回家，舉辦小型的家庭音樂會。這是貝多芬最快樂的時候，他總是靜靜地坐在一旁，聚精會神地聽着大人們彈琴唱歌，有時還情不自禁地小聲跟着哼了起來。

和已故的路德維西一樣，約翰也注意到了貝多芬的音樂天賦。這時，音樂神童莫扎特的名字正響徹全世界，約翰便暗暗下了決心，一定要將兒子培養成比莫扎特還要令人矚目的神童。於是，約翰把才四歲的貝多芬拴到了鋼琴前面，將自

知識門

莫扎特：

（1756-1791），奧地利作曲家，維也納古典樂派代表人物之一。主要作品有《費加羅的婚禮》、《唐璜》、《魔笛》等。他奠定了近代協奏曲形式，並繼海頓之後進一步豐富了交響曲與室內樂的表現力。

己懂得的樂理知識和演奏技巧統統灌到兒子的腦子裏，也不管兒子能否理解。約翰還給兒子布置很多高難度的練習，每天都要他坐在鋼琴前面練上好幾個小時。晚上約翰回家，都要貝多芬將練習曲彈一次給他聽，如果彈得不好，貝多芬就得挨一頓毒打。

一天晚上，約翰從外面回來，見到貝多芬已經睡了，便勃然大怒。妻子阻攔説：「現在都十二點多了，就饒他一次吧。」

約翰推開妻子，大聲吼道：「你住嘴！不讓他吃點苦頭，又怎可以成為大音樂家。」説完，就一把將貝多芬從牀上拉了起來。

貝多芬睡眼惺忪，還不知發生了什麼事，馬上又挨了父親一巴掌。貝多芬一邊嗚嗚地哭着，一邊乖乖地坐到了鋼琴前，叮叮咚咚地彈了起來。

但是，貝多芬並沒有因為這些而憎惡音樂，自小爺爺對他的殷切期望好像已牢牢地在他腦子裏生了根，在他小小的心靈裏，似乎認為音樂是他生活裏不可分割的部分，他生來就是要如此。所以，雖然腰酸了，手指腫了，他還是流着眼淚練着練着，門外同齡孩子開心的嬉戲聲，都不能讓他離開鋼琴半步。

但貝多芬畢竟只是一個小孩子，當他一個人在小閣

樓裏練琴時，常常感到孤獨，他多希望有個小伙伴陪陪自己。他懇求父親說：「爸爸，我可以養一隻小狗嗎？要是小狗不行，就養一隻小貓。可以嗎？」

但父親一口就拒絕了。他嚴厲地說：「養了小貓小狗，你還可以集中精神學琴嗎？別異想天開了！」

有一天，貝多芬驚喜地在小閣樓①的牆上發現了一隻小蜘蛛，從此他就把這隻小蜘蛛當成了好朋友。看小蜘蛛在牆角裏靈巧地結網，成了他最大的樂趣。

對音樂的迷戀，加上地獄式的訓練，貝多芬的演奏水平提高得很快。

約翰見到兒子的進步，心裏十分高興。他很希望貝多芬早日成為音樂神童，為他掙來大把大把的錢。於是，他特地安排貝多芬參加了一次音樂會演出。貝多芬當時其實也才七歲多，但約翰為了多添一點神童的色彩，就硬是把他的年齡說成是六歲。

為了讓老實的貝多芬接受這個說法，約翰還很費了

知識門

蜘蛛：

節肢動物，身體圓形或長圓形，分頭胸和腹兩部分，有觸鬚，有四對腳。肛門尖端突起的部分能分泌黏液，黏液在空氣中凝成細絲，用來結網捕食昆蟲。生活在屋檐和草木間。

---

① **閣樓**：在較高的房間內上部架起的一層矮小的樓。

一番功夫。他一再叮囑孩子：「要是有人問你幾歲，你就說是六歲。」

貝多芬困惑地說：「爸爸，我不是剛過了七歲生日嗎？為什麼又變成六歲了呢？」

約翰生氣地說：「我說六歲就六歲，知道嗎？」

貝多芬不再吭聲了，為了爸爸這句話，貝多芬後來一直都弄不清自己的年齡。

那一天，貝多芬第一次走上了舞台。帷幕一拉開，台下的人們就鬨地一聲笑開了：貝多芬穿着父親穿過的禮服，儘管母親改了一下，但還是顯得太長太大。貝多芬根本不知道人們為什麼笑，他一本正經地向觀眾鞠了個躬，就坐到了鋼琴前面，為台下大人們演奏了一曲鋼琴**協奏曲**和三重奏。

選帝侯也觀看了這次音樂會，當他聽到從那小小孩童靈巧的指頭下流淌出來的那優美的音符時，十分驚訝，貝多芬彈奏完畢時，他帶頭報以熱烈

知識門

協奏曲：
指獨奏樂器和樂隊協同演奏中既有對比又相互交融，並顯示個性及技巧的一種大型器樂套曲。一般由三個樂章組成。

選帝侯：
當時的德國分裂成好幾個小國家，每個國家都各有一個領主，這些領主都受着「神聖羅馬國皇帝」的支配。這個皇帝是由選舉產生的，有資格投票選舉的人，就叫做選帝侯。這樣的選帝侯在當時一共有九個。

16

的掌聲。

從此，約翰家出了個神童的事不脛而走。

有人提醒約翰説：「你雖然在聲樂上有一定水平，但教授鋼琴並不是你的強項，依我看，你還是請伊登先生教你兒子吧。」

對於約翰來説，這話雖然不大中聽，但他也不得不承認是對的，他帶上兒子向老風琴師伊登求教去了。伊登聽了貝多芬的彈奏之後，高興地摸着孩子的腦袋説：「真是個小天才，你將來會有出色的！好，我答應教你。」

伊登老先生為貝多芬打下了紮實的樂理基礎，令他的鋼琴演奏水平大大提高。但這位老先生按部就班的教學方法，卻限制了貝多芬的創造力。貝多芬曾嘗試着寫過一首曲子，當他懷着興奮的心情把曲子拿給老先生指導時，卻被潑了一盆冷水。老先生嚴厲地批評他好高騖遠，還用一些保守的作曲規則，把貝多芬的曲子批評得一無是處，令到貝多芬一時間對自己失去信心。不久，伊登老先生因年老體弱病倒了，兩人的師生關係也就此結束。

知識門

風琴：

鍵盤樂器，形似鋼琴而較小，音域通常為四至五組。用雙腳踩踏鼓動風箱，使空氣振動簧片，以鍵盤操縱發音。前面下側設有活動板，用膝推動可增減音量。

18

當時，有位從外地來的音樂家尼費正寄居在貝多芬家裏，他自告奮勇擔任了貝多芬的輔導老師。這位很有創意的年輕人給貝多芬灌輸了藝術上的創新精神，當他發現貝多芬常常偷偷寫一些小曲子時，便給予鼓勵和支持，啟發貝多芬衝破傳統的創作方法，寫出有自己特色的作品。可惜這位老師卻跟約翰一樣是個酒鬼，晚上常常跑去酒吧喝酒，直到深夜一、兩點才回家。他常常把熟睡中的貝多芬從牀上拖起來，給他彈奏布置的練習曲，一直到天亮。這對一個才九歲的孩子來說，簡直是一種虐待啊！

之後，約翰又先後請過幾位音樂家輔導貝多芬。

尼費可以說是貝多芬最好的老師之一。他是宮廷劇院的音樂指導，又是宮廷風琴師伊登的繼任候選人。他發現貝多芬雖然有過人的天分，但所受的訓練都是零零碎碎的，不夠全面和系統。於是他把一本巴赫所著的《關於彈鋼琴真正方法的嘗試》交給了貝多芬。他告訴自己的學生：「好好地讀這本書。如果你能彈好巴赫的

知識門

巴赫：

（1685-1750），德國作曲家。其創作在德國民族音樂的基礎上，廣泛吸取16世紀以來意大利、法國等國音樂的成就，對西洋近代音樂發展有着深遠影響。他是現代奏鳴曲式的奠基者，對海頓、貝多芬等有直接的影響。

曲子，就能彈好其他作曲家的曲子。」

　　事實證明尼費的方法是正確的。貝多芬非常透徹地理解了巴赫的音樂，他將巴赫的曲子彈奏得那麼美，表現得那麼深刻，使尼費震驚極了。接着，尼費開始向貝多芬介紹一些現代鋼琴音樂。

　　在尼費的幫助下，貝多芬發表了他的第一首音樂作品。當時他年僅十歲。一本音樂權威雜誌以很大的篇幅介紹了這首作品，還斷言，「只要他繼續努力，精益求精，將來一定會成為第二個莫扎特。」

想一想

1. 約翰用什麼方式去培養貝多芬成為音樂神童？你認同這種方式嗎？為什麼？
2. 你對伊登和尼費兩位老師的教學方式有何看法？

三 十四歲的當家人

貝多芬十一歲那年，父視為了讓他一心一意學習音樂，也不管貝多芬願不願意，就讓他退了學。所以，貝多芬這個舉世聞名的音樂家，法文和拉丁文都是馬馬虎虎的，而數學更是糟糕。據說他一遇到稍複雜的算術，還得一五一十地數手指頭。

這時，尼費已正式接任了宮廷風琴師的職位。因為尼費還身兼劇院樂隊長的職位，實在忙不過來，所以，他就讓貝多芬代替自己擔任管風琴師。在此期間，貝多芬又寫了三首奏鳴曲。這三首曲子比起他先前寫的第一首變奏曲又有了明顯的進步，尼費

知識門

奏鳴曲：
西洋樂曲體裁。16、17世紀泛指各種器樂曲。17世紀後，則指類似組曲的器樂合奏套曲。

看了很高興，便鼓勵他將奏鳴曲獻給了選帝侯。

尼費的工作越來越忙，他也就將更多的壓力放在了身邊的小助手身上，經過一段時間的訓練培養，年僅十三歲的貝多芬擔任了劇院樂隊的指揮。通過指揮活動，他逐漸熟悉了一些歌劇名著，這對提高他的鑒賞力和創

作力幫助很大。雖然貝多芬在教堂和劇院的工作量越來越大，但他一直都沒有薪酬。不過貝多芬沒有怨言，因為他覺得，自己得到的已經很多很多。

但尼費心裏一直都很過意不去，常常在自己的薪金裏拿出一部分，暗地裏交給貝多芬的媽媽。

1784 年，新任選帝侯就職了，他命人重新審查了僱員名單。負責審查的人對貝多芬的品行和技能給予了高度評價，結果，貝多芬被正式任命為第二風琴師，薪金為一百五十**盾**[①]。

貝多芬接過那有生以來的第一筆薪金時，他開心得轉身就往家裏跑。

母親瑪格達蓮娜自從生下了第三個孩子約翰之後，身體就越來越差，最近還患上了肺病，只有在見到貝多芬的時候，她蒼白的臉上才露出一點笑容。貝多芬把錢一點不留地交給了母親：「媽媽，這錢給你治病，給弟弟們買新衣服。」

瑪格達蓮娜接過錢，竟然號啕大哭起來。多懂事的孩子，這可是他自己掙回來的辛苦錢啊！他才十四歲，這世界有着太多的誘惑，他大可以自己去花，去買漂亮

[①] **盾**：當時德國的本位貨幣。

衣服，去買其他東西，可是他卻沒有這樣做。

這淚水瑪格達蓮娜已經壓抑了許久了，這個勤勞善良的婦女心裏有着太多的痛苦。約翰自從重新沾上了酒之後，越喝越厲害，經常泡在酒吧裏，整夜都不回家。他的嗓子被酒精燒壞了，再也難於回復他男高音的風采。他因為醉酒常常遲到，許多次誤了排練，他被勒令提早退休了。之後，他就給一些有錢人教聲樂。但由於他名聲實在糟糕，後來就再也沒有人請他了。的確，有誰願意把一個酒鬼引進自己家中呢？

從此，貝多芬成了家裏的經濟支柱。一百五十盾並不足以養活一個五口之家，貝多芬又利用休息時間，去給一些貴族孩子補習鋼琴，多掙一點錢給母親。但是，父親的情況越來越糟，他常常喝得爛醉如泥，回到家就大吵大鬧，拿妻子和兒子們出氣。為了買酒喝，他把瑪格達蓮娜留作伙食的錢也偷走了，弄得一家五口餓肚子。

拮据的經濟情況，使他們再也負擔不起萊茵巷房子的租金，只好搬到文澤爾巷一間簡陋狹小的房子裏。

貝多芬每日工作完畢，就急急忙忙地往家裏跑。他惦記着生病的母親，不知她咳嗽好點了沒有，不知她有否按時吃藥？他也擔心着那兩個淘氣的弟弟，不知有沒有逃學，有沒有和小朋友打架；他還焦慮着那不爭氣的

父親，是不是又醉倒在酒吧裏，等着他去背回家。壓在小貝多芬身上的擔子，實在太沉重了。

1787 年 7 月，貝多芬的母親瑪格達蓮娜的病越來越嚴重，雖然貝多芬請了最好的醫生來醫治，但也沒有辦法把母親留在世界上。臨死前，母親用她最後一點力氣，緊緊捏住貝多芬的手，流着眼淚説：「孩子，媽媽對不起你。這個家，今後就靠你了！照顧好你的爸爸和兩個弟弟……」

貝多芬哭得説不出話來，他只是一味地點頭答應。在這個家裏，只有媽媽是真正愛他、真正關心他的，可是現在，媽媽卻要永遠離開他了。

媽媽去世以後，貝多芬很傷心，他在一封給友人的信中説道：「母親是多麼仁慈，多麼善良，她是我最好的朋友！」貝多芬雖然手頭沒有多少錢，但他還是盡了最大的努力，把母親的喪事辦得體體面面的。

母親死後，父親變得更加頹唐，有時幾日幾夜都不回家，不知到哪裏去了。有一次，還因醉酒鬧事被警察局關了幾天。

兩個弟弟沒了母親的管束，就更加調皮搗蛋了，對哥哥的話也聽不進去，一天到晚在街上鬧事。

貝多芬心裏懷着太深太深的痛苦，但這一切並沒有

磨掉他對音樂的熱愛，反而令他將全部的身心，都傾注到音樂事業中去，因為只有在他的音樂世界裏，這痛苦才得到了解脫。

想一想

1. 貝多芬如何挑起了生活的重擔？

2. 貝多芬是如何排解心中的痛苦的？

四　布呂寧夫人

為了應付父親和弟弟們的花費，貝多芬同時幫幾家的孩子補習鋼琴。在這個時候，貝多芬認識了布呂寧夫人和她的四個孩子。

布呂寧夫人是宮廷參議官的**遺孀**[①]。幾年前，布呂寧先生在一次大火中，為了救人而殉難，留下布呂寧夫人帶着四個孩子過日子。

貝多芬經朋友的介紹，給布呂寧夫人的兒子蘭茨和女兒艾萊羅拉教鋼琴。剛失去母愛的貝多芬顯得落落寡歡，他每天十分準時地來上課，很盡心盡力地教兩個學生，但除了教學之外，他幾乎沒有一句多餘的話。雖然蘭茨和艾萊羅拉的年紀和他差不多，而且他們都很主動地接近貝多芬，希望和他交朋友，但貝多芬卻是一副拒人於千里之外的樣子。

有好幾次，上完課後，布呂寧夫人熱情地挽留貝多芬，讓他和孩子們一起玩耍，一起共進晚餐。雖然貝多

[①] **遺孀**：指死了丈夫的女子。

芬為了禮貌留了下來，但從始至終都非常拘緊，也不願意多說一句話。

布呂寧夫人是一位善良的女子，她了解到貝多芬的家庭情況後，心裏十分同情，她決心要給這個孤獨的孩子更多的溫暖。她打聽到了貝多芬生日的日子快到時，就和兒女們悄悄地為貝多芬準備了一個生日會。

那一天，貝多芬如常來到布呂寧家，給兩個學生上課。放學時，布呂寧夫人又和往常一樣，彬彬有禮地對貝多芬說：「孩子，可以賞臉和我們一塊吃晚餐嗎？」

貝多芬有點勉強地說：「好的。謝謝！」

布呂寧夫人慈愛地牽着貝多芬的手，向飯廳走去。飯廳的門「吱呀」一聲開了，一陣歡樂的歌聲撲面而來。

貝多芬定睛一看，只見布呂寧夫人的四個孩子圍着一個大蛋糕，蛋糕上插着點燃了的生日蠟燭，他們熱情地向貝多芬唱着歌，最後還齊聲喊道：「祝貝多芬生日快樂！」

貝多芬鼻子一酸，兩行熱淚奪眶而出。還以為母親去世之後，就再也沒有人記得自己的生日了，真沒想到，布呂寧一家會為自己慶祝生日！

這天晚上，貝多芬坐到鋼琴前，忘情地為布呂寧一家彈了很多很多首曲子，他彈得認真極了，動聽極了，

好像要將對這家人的感激之情統統在樂曲裏表現出來。

貝多芬和布呂寧一家的隔閡消除了，他彷彿成了這個家庭的一員，而溫柔善良的布呂寧夫人則好像成了他的第二個母親。他常留下來和幾個孩子一起開開心心地共進晚餐，有時還在布呂寧夫人專門為他準備好的客房裏住上幾晚。

在這個溫馨的、有着濃厚的文化氣氛的家裏，貝多芬不但重拾了家庭溫暖，並第一次接觸了德國文學。貝多芬在布呂寧一家的影響下，還報讀了科恩大學哲學課程，以及希臘文學課。

在這裏，貝多芬開始參加社交活動，他學到了許多上流社會的禮儀，結識了許多音樂愛好者，還跟選帝侯的寵臣瓦爾德斯坦伯爵交上了朋友。

伯爵是一位很有文化氣質的音樂鑒賞家。他十分賞識貝多芬的天才，在許多方面給貝多芬提供幫助。他有意識地製造了許多機會，讓貝多芬在上流社會的人們面前作即興演奏，使更多的人去賞識貝多芬的藝術天分。他常常在晚餐後，讓貝多芬以即興演奏的方式描繪某個大家都熟悉的人物，貝多芬就這樣認識了許多文學大師的著名作品。

伯爵還是一個善心的人，他看到貝多芬為了養活家

裏人，每天疲於奔命去賺錢，就常常在經濟上給貝多芬以支持。為了不傷害貝多芬的自尊心，他從來也不說這些錢是他給的，只是告訴貝多芬，是選帝侯的賞賜。

　　和布呂寧一家的結識，對貝多芬的一生影響極大。貝多芬在一生中都和他們保持友好關係，幾個年齡相仿的孩子，以及他們的結婚伴侶，都成了貝多芬的知己好友。

想一想

1. 布呂寧夫人是怎樣關懷貝多芬的？
2. 和布呂寧一家的認識，對貝多芬有着什麼樣的意義？

五 永遠的偶像莫扎特

　　一直以來，莫扎特是貝多芬心目中的偶像。他喜歡莫扎特的作品，喜歡得如癡如醉。他最大的心願，就是希望能親自聆聽音樂大師莫扎特的教誨。機會終於來了！

　　1787 年，十七歲的貝多芬獲得選帝侯的資助，終於如願以償，可以去維也納向他仰慕已久的偶像討教了。貝多芬坐上郵車，踏上了去音樂之都維也納的路。一路上貝多芬都在暇想，莫扎特一定是一個高大英俊、出塵脫俗的人，一舉手，一投足，無不顯示出音樂家的風度……

　　在維也納郊外，貝多芬懷着興奮的心情敲響了大師的門。出來開門的是一個面色蒼白、身材矮小的中年人，這人用一種漫不經心的神情看着貝多芬。貝多芬打量了來人一眼，並不是

知識門

維也納：

奧地利首都。18世紀時，由於藝術十分繁榮，故後來一直被稱為「音樂之都」。許多音樂家，如海頓、莫扎特、貝多芬、舒伯特、約翰·斯特勞斯父子等都曾在此居住過。現在許多公園和廣場上都矗立着他們的雕像，不少街道、禮堂、會議大廳都以這些音樂家的名字命名。

自己設想的模樣，斷定他一定不是莫扎特，便說：「對不起，我想找莫扎特先生。」

誰知那人瞇起藍眼睛，望了貝多芬一眼，說：「我就是！」

貝多芬嚇了一跳，不由得有點尷尬，他手忙腳亂地把選帝侯寫的介紹信拿出來，遞給了莫扎特。趁着莫扎特低頭看信的時候，貝多芬又偷偷地把莫扎特上上下下打量了一遍：一頭淺黃色的頭髮，結成一條辮子；過於瘦小的身材，顯得他的腦袋特別大；他的眼睛顯然是近視的，看信時湊得很近。唯一能說明他音樂家身分的，是他那白皙修長的手指……這音樂大師比起自己原先所設想的，實在是太平凡了。

莫扎特把貝多芬招呼進屋裏去。咦，大師家裏有客人呢。那些人見了貝多芬，都好奇地望着他。莫扎特指了指鋼琴，請貝多芬隨便彈點什麼。貝多芬想了想，決定彈一首《幻想曲》。其實這首曲子貝多芬早就彈過，而且彈得不錯，但今天不知怎的，全身肌肉都緊繃着，手指也僵硬得要命，結果彈得糟透了。莫扎特聽了頭兩句就沒了興趣，轉過頭去和那幾個客人聊天。一曲下來，貝多芬自知失手，心裏懊惱極了。他突然靈機一動，對莫扎特說：「先生，你可以給我一個主題，讓我作即興

演奏嗎？」

莫扎特出於禮貌點了點頭，隨即走到鋼琴邊，彈了一段短短的但很優美的旋律。優美的旋律激發了貝多芬的創作靈感，他思想變得敏銳，手指變得靈活自如，他忘記了周圍的一切，忘記了身邊那許多雙使他感到不安的眼睛，充滿激情地彈了起來。樂曲明快、流暢，隱藏着一股不可遏止的激情。

莫扎特聽得呆了，當貝多芬彈完了最後一個音符時，他情不自禁地站了起來，揚着手對在座的人們說：「請記住這個孩子，他將來一定會震撼全世界！」

莫扎特立即表示要收貝多芬做學生。多年的願望終於實現，貝多芬高興極了。

知識門

音符：
樂譜中表示音長或音高的符號。五線譜上用空心或實心的小橢圓形和特定的附加符號；簡譜上用1234567這七個阿拉伯數字和特定的附加符號。

可惜的是，當時正碰上莫扎特趕寫一個大型歌劇，忙得很，所以實際上貝多芬只是在莫扎特家裏上過幾堂課。而幾個星期之後，貝多芬母親病危，貝多芬馬上拋下一切，告別了老師，回波恩去了。

貝多芬本來是抱着很大的希望去維也納的，結果卻幾乎是空手而歸，這件事令到貝多芬在許多年之後，每

每想起，都惋惜不已。

不久，選帝侯又一次伸出援手，決定再一次資助貝多芬去維也納向莫扎特學習。貝多芬很興奮，這次他作了很充分的準備，用心地寫了一首弦樂三重奏，準備請莫扎特指教。當他準備好行裝，正要起行時，從維也納傳來了一個不幸的消息，莫扎特因病去世了。貝多芬和莫扎特無緣再見。

直到貝多芬在音樂界聲名遠播之後，他仍然是莫扎特的忠實仰慕者。在1826年貝多芬給友人的一封信中，他表示：「我認為自己是一個迄今為止最崇拜莫扎特的人，而且我深信這種敬意至死不變。」

在貝多芬放滿了各種曲譜的書房裏，佔了很大部分是莫扎特的**歌劇總譜**和鋼琴協奏曲，他還在演奏會中多次演奏莫扎特的《d小調協奏曲》。

有一次，貝多芬陪一位友人在維也納街上散步，走着走着，友人卻發現不見了貝多芬。找了一會，才發現貝多芬站在一戶人家的窗子下面，全

知識門

歌劇：

綜合詩歌、音樂、舞蹈等藝術，而以歌唱為主的戲劇。

總譜：

由多行譜表組成的多聲部音樂的譜式，其左端連以直線。如歌劇、交響曲等的總譜。其中各種樂器和人聲的聲部，均按一定次序分組分行排列，通常自上而下依次為：木管樂器組、銅管樂器組、擊樂器組、聲樂組、弦樂器組。

神貫注地聆聽着什麼。友人走過去拍了他一下，他才如
夢初醒似的，說：「別出聲，裏面在奏莫扎特的《c小調
鋼琴協奏曲》哩。」

　　直到樂曲完結，貝多芬才讚歎地說：「太偉大了！
我們所做的，還比不上莫扎特的一個腳趾頭。」

　　貝多芬雖然沒有親自聆聽莫扎特多少教誨，但莫扎
特對他的影響卻是深遠的。那是一種理想，一種精神力
量，一種藝術上的完美典範，在激勵着他，在音樂藝術
的坎坷道路上，不斷勇往直前。

想一想

1. 貝多芬是怎樣評價莫扎特的？

2. 莫扎特給了貝多芬什麼樣的影響？

六 貝多芬的愛情故事

貝多芬喜歡世界上一切美的東西。每逢在街上看見漂亮的女子，他都會用一種欣賞的眼光目不轉睛地看着。但貝多芬絕不是好色之徒，他對愛情的要求是十分高尚的，對愛情的態度也是十分嚴肅的。

他曾經愛過一位姑娘，她叫瑪麗亞，是選帝侯御馬苑總管維斯特霍爾特伯爵的女兒。

伯爵一家都喜歡音樂，伯爵擅長吹巴松管，兒子是出色的吹笛手，女兒瑪麗亞彈得一手不錯的鋼琴。雅興十足的伯爵在他的侍從裏挑了一些擅長樂器的人，組成了一支家庭小樂隊，而貝多芬則常常是這支小樂隊的客串鋼琴手。伯爵對貝多芬精湛的演奏水平十分欣賞，於是很誠意地邀請他為女兒瑪麗亞教授鋼琴。

瑪麗亞是一位美麗高貴、心地善良的少女，貝多芬很喜歡她，而貝多芬魅力四射的藝術才華，又深深地吸引了他的學生，兩人相處得十分快樂。

知識門

笛：
管樂器。用竹子製成，上面有一排供吹氣、蒙笛膜和調節發音的孔。

　　這是貝多芬一生中最美妙的時光。瑪麗亞就像陽光一樣，溫暖了他的生活，他創作更加勤勉，他覺得生活充滿了希望。但他又無時無刻不在擔心：他們之間懸殊的社會地位，會否是一道不可逾越的鴻溝。

　　有一次，瑪麗亞邀請貝多芬去父親的**別墅**①小住。早晨，兩人並肩在花園散步。早晨的空氣好清新呵！小鳥在啾啾地叫，小樹在沙沙地搖，花兒送來醉人的芬香。兩人在一棵菩提樹下坐了下來，貝多芬再也抑制不住自己，他拉着瑪麗亞的手，表示了自己對她的愛慕。

　　瑪麗亞默不作聲，其實她心裏也愛着這位才華橫溢的青年，但父親是絕對不會讓自己嫁給一個地位低微的小樂師的。傷心的淚水從她美麗的臉上流了下來，她輕輕地説了一句：「我明白你的心意，但我沒有勇氣違抗父親。」

　　貝多芬最擔心的事情發生了，他只覺得自己的心在一直往下沉，沉到一個不見底的黑暗深淵。第二天，他給瑪麗亞留下了一封傷心欲絕的信，就離開了伯爵的別墅。

　　貝多芬陷入了空前苦悶、煩躁的境地，他希望用工

---

① **別墅**：指住宅外另置的園林遊息處及其建築物。

作來減輕痛苦，但他寫出來的曲子枯
燥呆板、毫無靈氣，氣得他將寫好的
曲譜撕得粉碎。他只好讀小説來解悶。
他讀了**歌德**的《少年維特的煩惱》，
他覺得自己的命運和書中主人公的命
運太相似了，他甚至萌生了一個可怕
的念頭：像維特那樣去自殺，在結束
生命的同時結束煩惱。

歌德：

　(1749-1832)，德國
詩人、劇作家、思想
家。重要作品主要有
劇本《葛兹·馮·伯
利欣根》和書信體小
説《少年維特的煩
惱》。所作的抒情詩
很優美，是德國詩歌
的瑰寶。

　　一個悶熱的下午，酒醉的父親吐
了一地污物之後，倒在牀上昏睡，兩
個不爭氣的弟弟在為一點小事吵得不可開交。貝多芬再
也無法承受這一切，他瘋了似地跑到了萊茵河邊。

　　貝多芬抱着必死的決心，一步一步地向水中走着，
水已經齊胸了，再走十來步，這世界就從此少了一個天
才。這時候，天上「啪勒勒」地打了個驚雷，狂風大作，
暴雨傾盆。貝多芬停住了腳步，雷聲震醒了他，大雨澆
醒了他，他想起了爺爺和母親的期望，想起了人生不僅
僅是為了愛情，他還有更重要的事情要做，他要用自己
的才華，向那些有權有勢的人證明：一個人高貴與否不
在於家庭出身，而在於他的成就！

　　就這樣，貝多芬重拾信心，他將對瑪麗亞的思念化

作動力，更加勤奮地學習、創作。

　　不久，德意志教團在麥爾根漢開會，希望波恩派一個劇團前往演出助興。宮廷樂隊也組織了一個小組隨同前往，貝多芬也被選中了。

　　這次演出在麥爾根漢引起很大的轟動，尤其是貝多芬的演出更令人矚目。當地的音樂評論家是這樣評價他的：「我聽到了最偉大的鋼琴家之一、優秀的貝多芬的演奏……他超羣的技藝令人驚歎，他獨特的表演風格令人耳目一新，一位偉大藝術家的素質他無一缺乏……」

　　貝多芬終於掙脫了感情上的枷鎖，繼續自己的事業。

想一想

1. 貝多芬如何重拾自信，取得更大的成績？
2. 你會如何面對生活上的挫折？

七 海頓老師

從 1783 年到 1789 年，貝多芬陸續創作過一些奏鳴曲、變奏曲、鋼琴回旋曲、管風琴序曲和弦樂四重奏，這些作品都表明他的音樂創作技巧日趨成熟。

貝多芬學習音樂的進步是十分驚人的，他曾跟許多名師學習過，但又很快地超過了這些老師。連尼費這樣優秀的音樂大師，都覺得自己已經大大落後於自己的學生了。誰還可以做貝多芬的老師呢？

1792 年，維也納音樂大師海頓來到了波恩，在尼費的大力斡旋下，海頓和貝多芬見面了。海頓和貝多芬作了一番長談，又聽他演奏了他自己創作的樂曲，對這個執着地追求藝術的年輕人十分欣賞。他熱情地對貝多芬說：「跟我到維也納去吧，我當你的老師。」

尼費在一旁聽了十分高興，忙推了推貝多芬，說：「還不快謝謝老師！」

知識門

海頓：

(1732-1809)，奧地利作曲家，維也納古典樂派代表人物之一。他最早確立近代弦樂四重奏和交響曲形式。主要作品有交響曲《告別》、《驚愕》、《時鐘》等。

　　貝多芬高興得心裏撲撲地跳，以海頓的名望和技藝，能得到他教導可真是太好了。

　　貝多芬的維也納之行得到了選帝侯的准許和資助。1792 年 11 月 2 日，貝多芬離開生活了二十二年的故鄉，跟着老師海頓到維也納去了。從此，他就再也沒有回過波恩。

　　18 世紀的維也納是歐洲數一數二的大城市，它有着繁華的街道，美麗的宮殿，壯觀的城堡。但貝多芬連逛一下街的興趣都沒有，他來維也納只有一個目的，就是向海頓學習音樂。海頓也很喜歡這個淳樸勤奮的學生，希望把自己的那套理論全盤教給貝多芬，讓貝多芬的技巧邁向一個更高的境界。但是，事情的發展並不是他們想像的那麼美好。

　　毫無疑問，海頓是一位偉大的音樂家，但他對音樂的理解和教育方法卻和貝多芬的天性有着無法調和的矛盾。貝多芬來到維也納半年多，海頓都一直是教他一些比較枯燥的基礎理論，這令到貝多芬越來越不耐煩，他顧不得大師的面子，在上課的時候顯得心不在焉，有時還提出反駁。海頓是一位十分海量的人，他認為這是年輕人急於求成的通病，因而並沒有理會貝多芬的不滿。

　　但更令貝多芬難以接受的是，海頓口口聲聲不離規

矩，他一再地向貝多芬說：「規矩就是為了要人服從，如果你不那樣做，那你這輩子都難有成就，那怕你是最偉大的天才。」

但天生不願受束縛的貝多芬又怎麼會成為規矩的奴隸呢！他每天坐在老師面前，看着老師的嘴巴在動，腦子裏卻不時冒出一些樂曲的主題旋律，他真想立刻找來一張紙，把這些突如其來的靈感記下來，然後寫成完整的曲子。可是海頓卻嚴厲地盯着他，警告他不許搞小動作。貝多芬越來越感到意興闌珊，他決定要離開海頓。

貝多芬盡量婉轉地向老師表達了自己的意願，海頓聽了十分傷心。這位已經六十多歲的老人，本來想把自己畢生的經驗傳授給貝多芬，沒想到卻得不到學生的理解。

海頓難受地說：「你一定要走嗎？」

貝多芬堅定地說：「對不起，老師。我不能勉強自己做不喜歡做的事情！」

事實上，海頓的確是一位傑出的音樂家，一位許多人為之渴望的良師，只是由於他和貝多芬屬於兩種不同的類型，對音樂的感受和理解也有很大差異，所以兩人難以達到一致。從藝術發展的角度來看，貝多芬離去是一件好事，如果他一直跟海頓學習，最後充其量只是一

個翻版海頓，就不能成為那個有自己獨特風格的、具有劃時代意義的貝多芬了。

貝多芬走後，海頓還一直幻想着他還會回來，以完成未完的課程。但是，這位他無限鍾愛的學生，卻義無反顧。除了婉惜和傷感之外，海頓一點也沒有怪罪貝多芬，他每時每刻都在關注着貝多芬的成長。1794 年他離開維也納去倫敦時，還特地寫了一封信給科隆選帝侯，報告貝多芬的學習情況。信中説：

恕我冒昧地向閣下獻上幾部音樂作品，包括一部五重奏曲，一部八聲部古組曲，一部**雙簧管**協奏曲，一組鋼琴變奏曲和一首**賦格曲**，這些作品都是我心愛的學生貝多芬寫的，我為曾是他的老師而感到無比的榮幸。

這些作品都是他以驚人的毅力和非凡的勤奮而取得的成就。相信閣下會喜歡這些作品。根據這些作品所表現出來的才華，人們都認為貝多芬有朝一日會成為歐洲最偉大的作曲家。……

字裏行間，表現出一位音樂大師的博大胸懷和遠見。

知識門

雙簧管：
管樂器，由嘴子、管身和喇叭口三部分構成，嘴上裝有雙簧片。

賦格曲：
複雜音樂的最高樂曲形式，是一種用對位法來構成的模倣音樂。

而事實上，貝多芬對海頓一直是懷有尊敬和感激之情的。當多年後海頓的《創世紀》首次演出時，已享有盛名的貝多芬親自走到老人面前，親吻了他的手和前額，表示衷心的祝賀和敬佩。

想一想

1. 貝多芬為什麼要離開海頓？

2. 海頓如何處理與貝多芬的關係？從中可以看出他是個怎樣的人？

八 不受歡迎的房客

維也納昂貴的消費，使貝多芬開始時的日子過得並不輕鬆。他手頭的錢除了用來應付日常生活開支之外，還得交學費、租鋼琴。為了節省，他在一間廉價的小旅館租了個小閣樓居住。

貝多芬離開海頓後先後跟過多位名師學習演奏和作曲。他的求知慾是驚人的，跟舒帕契克學小提琴，跟斯蒂奇學圓號，跟克拉伏特和林克學大提琴，跟弗雷德洛夫斯基學單簧管。同時，他還跟阿布瑞希茨貝格學習對位法，向薩利里學習聲樂寫作、韻律學、意大利歌劇創作等。老師們對貝多芬的評價都很高，但是又都一致認為這位學生過於倔強，因為貝多芬「拒絕接受堂上教的東西，一切都要通過艱苦的實踐來學習。」也許正因為這樣，才形成了貝多芬自己獨特的風格。

知識門

圓號：
又稱法國號。銅管樂器，管身圈成圓形，號嘴形似漏斗。

對位法：
同時採用兩種以上旋律的作曲法，使其間各有獨立性，而保持調和成為統一的整體。基礎的旋律稱為定旋律，為對位而作的旋律稱為對位旋律。

48

　　貝多芬的確是勤奮的，他每天除了去老師那裏學習之外，很少外出，從早到晚把自己關在屋子裏彈琴。他彈琴的時候，身旁總是擺着一盆冷水，彈一會兒就停下來，把十隻指頭放在冷水裏浸一浸；彈一會兒又停下來，又再浸一浸。原來，貝多芬彈琴時就如暴風驟雨，彈久了十隻指頭就會發熱。為了繼續練下去，他就得讓手指在冷水裏「降降溫」，浸過後就順手把手上的水往地上一甩，又接着彈下去。

　　一盆水很快就蘸光了，地上也就積滿了水。這些水順着地板縫滲到樓下的房間裏去，惹得那裏的住客大發雷霆。於是，旅店主人只好把這位脾氣古怪的住客趕走了。

　　據有人統計過，自 1792 年貝多芬來到維也納，直到他逝世的三十五年間，先後搬家達三十次之多，平均每十四個月就搬一次家。搬家的原因多數是因為房間積水和不斷的琴聲滋擾其他住客。

　　貝多芬還算幸運，不久他遇到了李希羅夫斯基伯爵，這位伯爵十分喜歡音樂，他很欣賞貝多芬的才華，便把貝多芬接到自己家中居住，還負責他的生活費用。這令到貝多芬能夠安下心來學習和創作。

　　安穩的生活，良師的指導，加上貝多芬的刻苦學習，

他的音樂造詣進步很快。維也納是歐洲著名的音樂城市，音樂是維也納人唯一真正欣賞的藝術。沒有人能説得清這裏究竟有多少支樂隊，有多少位音樂家。因而，這裏也充滿着競爭。

一天，維也納的上層人士紛紛湧到李希羅夫斯基伯爵的府上，觀看一場音樂比賽。原來是一名很受人們歡迎的演奏家約瑟夫‧格林奈克，準備與名不見經傳的貝多芬較量，進行即興鋼琴演奏比賽。除了李希羅夫斯基伯爵之外，幾乎所有人都認定貝多芬必敗無疑。因為格林奈克早已是維也納人所熟悉的音樂大師，而貝多芬呢，只是一位新來乍到的鄉下青年。格林奈克也對人説：「我將與一個剛來此地的年輕人比比風頭，到時有他好看的！」

比賽開始了，格林奈克先上場，他的演奏獲得了熱烈的掌聲。接着，默默無聞的貝多芬出場了，只見他貌不驚人，衣着也十分簡樸，和在座的貴族們相比，簡直是太寒酸了。那些貴婦人都指指點點的：「這個鄉下孩子要和大師比賽？真是不自量力！」

但貝多芬一點都不理會人們的目光，他鎮定自若地坐到鋼琴前，自信地彈奏起來。人們一下子便被他絕妙的演奏吸引了，一個個聽得如癡如醉。事後一位觀眾讚

歎地說：「貝多芬的演奏使我既像身在天堂，又像身在
地獄，他無窮無盡的想像力使人身心迷醉、神魂顛倒！」

　　演出結束後，人們發瘋似地喝彩、鼓掌，連貝多芬
的比賽對手格林奈克也由衷地讚歎道：「我是真心服輸
的。貝多芬簡直不是人，他是魔鬼！他的演奏讓所有人
都無法抗拒！」

　　一顆新星從維也納的上空冉冉升起來了，人們開始
認識了年輕的音樂家貝多芬。1793 年末，在李希羅夫斯
基伯爵的府上第一次演出了貝多芬的鋼琴三重奏作品第
一號。演出獲得了巨大的成功。

　　在當時的維也納，還沒有像我們今天所常見的那種
大型的音樂會，許多音樂欣賞活動，都是在貴族府中進
行，所以，貝多芬在 1795 年 5 月 29 日的一次慈善籌
款活動中，才首次在城堡劇院登台演出。

　　城堡劇院是當時維也納最著名的表演場地之一，音
樂會有超過一百五十人參加，貝多芬演奏了他的作品《降
b 大調鋼琴協奏曲》。《維也納日報》對貝多芬的演出給
予了高度的評價：「著名的貝多芬獲得了人們衷心的讚
揚。」第二天還有一場演出，那是為莫扎特的遺孀籌款。
在演出中，貝多芬進行了即興演奏，即興演是他的拿手
好戲，表演起來當然是得心應手，後來成了他的學生的

車爾尼是這樣形容他的演出的：「他的即興演出極為燦爛和震撼人心，他知道如何去打動每一位聽眾，讓聽眾隨着他的樂聲流下熱淚……」

貝多芬三十歲時，已經不止是受人歡迎的鋼琴家了，他更成為了這個音樂之都的最重要的作曲家。雖然他從來不寫歌劇，但維也納歌劇院仍然任命他為歌劇樂師；維也納的琴師們都渴望加入貝多芬的樂隊，因為那樣可以令他們的身價大大提高。他的名氣越來越大，巴黎的伊拉德以他的名字命名了一台精妙絕倫的鋼琴，英國等地的六家出版商爭相委託他寫曲，酬金高得驚人。

貝多芬的社會地位提高了，經濟也好轉了。因為不喜歡伯爵府的繁瑣禮節，他離開了李希羅夫斯基伯爵的家，自己租了一間房子住。他還有了一匹馬和一個隨時供使喚的僕人。

貝多芬常常被那些熱情的貴族們邀請去參加一些活動。那些曾經嘲笑過他的貴婦人，現在卻變成了他的忠實樂迷，一見他就圍上來問長問短：「貝多芬先生，又在寫什麼作品了？那一定是很出色的。」「貝多芬先生，你能把作品讓我們優先欣賞嗎？」

貝多芬也極受維也納市民的崇拜。每當走在路上的時候，人們見了他，總要向他鞠躬致意，在他背後小聲

地議論着:「這就是那位使人下淚的大音樂家嗎?」「真了不起!我真想有機會聽他的演出呢。」

從 1793 年至 1796 年之間,貝多芬創作了七十多首作品,包括三首三重奏,一首六重奏,幾首鋼琴奏鳴曲,一首降 b 大調鋼琴協奏曲,多首管絃樂作品,六套鋼琴變奏曲及一些歌曲和小型器樂曲。

1799 年,貝多芬創作了一部很出色的作品——c 小調鋼琴奏鳴曲作品第十三號《悲愴奏鳴曲》,1799 年 12 月在維也納出版。當地的《大眾音樂報》給予很高的評價,認為它比貝多芬以往的所有作品都更能顯示新世紀的來臨。

想一想

1. 貝多芬為什麼要常常搬家?
2. 你認為貝多芬所取得的驕人成績,是靠他的天才,還是靠他的勤奮?

九 聽不見聲音的音樂家

貝多芬帶着他在音樂上的輝煌成就，邁進了新的世紀。1800 年，貝多芬三十歲，在他面前，是一條鋪滿了陽光的大道。

正在這時候，不幸的事情發生了：慢性中耳炎使貝多芬的聽覺急劇衰退。

有一天，貝多芬和一位朋友到鄉間散步，遠處傳來了一陣悠揚的笛聲，朋友傾聽着，大聲讚美說：「多美的笛聲啊！」

可是，貝多芬卻一臉茫然，奇怪地說：「你說什麼？哪有什麼笛聲，我倒是聽到了蜜蜂飛過的嗡嗡聲。」

知識門

中耳炎：

中耳炎多由感冒、麻疹、猩紅熱等急性傳染病引起，病源體多為葡萄球菌和鏈球菌。症狀是耳朵內劇痛，聽力減退，耳鳴，發高燒，耳朵內流膿，嚴重時鼓膜穿孔。

朋友大吃一驚，笛聲他聽不見，反而聽見了什麼蜜蜂叫，這哪有蜜蜂呀，分明是貝多芬出現了耳鳴現象！可是，他不忍告訴貝多芬。

不久之後，在一次為演奏會而作的排練中，貝多芬

才知道自己耳朵的確出現了毛病。當演奏開始時，貝多芬老是覺得小提琴的聲音不對頭，向來一絲不苟的他忍不住發了脾氣。首席小提琴手卻顯得十分委屈，連別的樂手也都說琴音沒問題。

排練結束後，貝多芬趕緊去看了一趟醫生。醫生雖然認真地為他制訂了一套治療方案，但這一切都為時已晚，貝多芬的聽力無可挽救地衰退下去。

音樂是聲音的藝術，失去聽力對於貝多芬來說是一個多麼大的打擊啊！在許多次的排練和演奏中，他在指揮自己的作品演奏時經常和樂隊合不上拍，令到演奏出現混亂；他的鋼琴演奏技巧也大不如前了，尤其是快速句型，演奏起來覺得力不從心，手指的觸鍵也變得越來越不準確，常出現過強或過弱的情形。這一切，使貝多芬感到絕望極了。

朋友們都十分關心他，紛紛給他介紹醫生。一位對治療耳疾很有經驗的史密德醫生建議貝多芬到鄉間生活一段日子，於是貝多芬去到了以**硫磺溫泉**聞名的海利根斯塔特休養。那是一個迷人的小村莊，那裏有着綿延的山丘，廣闊的草場和大片的森林，素來喜歡寧靜的貝多芬在這裏得到了最

知識門

硫磺溫泉：
硫磺是硫的統稱。用硫磺溫泉洗澡，有治療皮膚病的作用。

好的休息。

　　他常常一個人在田間小路上散步，不時掏出小本子，記下隨時在腦海中蹦出來的樂句。遇上好的樂句時，他會開心得揚起手臂打着拍子，用他沙啞的嗓子旁若無人地高聲唱着。在田裏幹着活的農民都很怕他，還以為這是從哪裏跑出來的瘋子。

　　不久，史密德再次為貝多芬作了檢查，他臉色變得十分沉重。貝多芬看了他一眼，説：「我想聽實話。」

　　史密德輕歎了一口氣，説：「對不起，你的耳朵看來很難有恢復的可能了。你的聽力會越來越差，直到一點聲音都聽不見。」

　　這樣的結果，對任何人來説都是致命的打擊，而對於一個音樂家，就更不亞於滅頂之災。悲觀和失望終於擊倒了貝多芬的意志，在離開海利根斯塔特之前，他懷着萬分悲痛的心情寫了一封遺書。

　　貝多芬在遺書中發出了痛苦的吶喊：「……我滿懷希望來到這裏，但這個希望已經捨棄了我，我的耳疾是不可能痊癒了！啊，上帝啊！給我真正快樂的日子吧，那怕是一天也好！

　　我的勇氣已經消失，來吧，死神，我願意見到你！……」

但是，經過思想上一番激烈的掙扎之後，他還是堅強地活了下來。他對朋友說：「是音樂挽留了我！在我未完成使命之前，我不能夠離開這個世界。」

貝多芬勇敢地向命運展開了挑戰，他說：「我要扼住命運的咽喉，它休想令我屈服！」

經受了這場命運的挑戰之後，貝多芬比以前更加勤奮和努力，他雖然被逼放棄了演奏家的生涯，但他卻將更大的熱忱，投入到創作中去。他的一些重要的、具有劃時代意義的作品，如《第二交響曲》、《第三交響曲》、歌劇《費德里奧》等，就是這時候陸續創作的。

知識門

交響曲：

由管弦樂隊演奏的大型樂曲，通常由四個樂章組成，能夠表現出多樣的、變化複雜的思想感情。

想一想

1. 耳聾給貝多芬帶來了怎樣的嚴重後果？

2. 貝多芬是怎樣勇敢地向命運挑戰的？

十 用生命譜寫的樂章

貝多芬在和疾病作鬥爭的過程中，創作了不少優美動人的樂曲，但是他並不滿意眼前的成績，他對一位著名小提琴家説：「我對我過去的作品並不滿意，從現在起我要翻開新的一頁。」

不久，震撼世界的法國大革命發生了，領導鎮壓內亂的**拿破崙**將軍打敗了保皇黨，統一了法國。

貝多芬一生嚮往「自由、平等、博愛」，他衷心擁護當時那場法國大革命，更是十分崇拜拿破崙。他覺得拿破崙是一位人類的解放者，他認為拿破崙從貴族統治中解放了法國之後，一定會實行民主選舉來造福人民。拿破崙也和貝多芬一樣，出身在貧窮的家庭，小時候也沒有受過正規教育，但他竟然可以成為一個轟動世界的天才革命家。拿破崙的經歷，使貝多芬明白到，凡人也可以戰勝命運而變得崇高。他要像拿

> **知識門**
>
> **拿破崙：**
> （1769-1812），1795 年統兵入侵意大利，攻克奧地利、埃及。1799 年發動政變，1804 年稱帝，以武力襲捲全歐，但最終在 1814 年為聯軍所敗，流放到聖赫勒拿島，最後在那裏去世。

破崙一樣，做一個真正的征服者！

貝多芬決定寫一首「第三交響曲」，準備用來獻給心目中的英雄拿破崙。這首交響曲的總譜在 1804 年完成，這是當時最大的交響曲，它氣勢磅礡，音響像火山爆發般激動人心，著名作家**羅曼·羅蘭**說：「這部交響曲即使在貝多芬的作品中也是一個奇跡。……它開創了一個新時代。」

貝多芬完成作品之後，在總譜扉頁的最上方寫上了拿破崙三個字。然後準備通過法國大使館將總譜送往巴黎。可是，正在這時候，拿破崙暴露出來的野心卻令到貝多芬大大地失望了。

拿破崙的軍隊越過阿爾卑斯山入侵**意大利**，最後，又進軍**奧地利**，來到了維也納。拿破崙欺騙了法國人民和歐洲人民，在法國當上了皇帝。

消息傳來，貝多芬大失所望，把寫上拿破崙名字的扉頁扯下來撕得粉

知識門

羅曼·羅蘭：
（1866-1944）法國作家，1915 年諾貝爾文學獎得主。主要作品有：長篇小說《約翰·克利斯朵夫》、《母與子》，傳記文學《貝多芬傳》、《甘地傳》、《托爾斯泰傳》等。

意大利：
位於歐洲南部，面積三十點一萬平方公里。首都羅馬。

奧地利：
在歐洲中部內陸，面積八萬三千八百五十平方公里，首都維也納。這裏風景優美，有很多山川河流，故被人稱作「中歐花園」。

碎，他憤怒地喊着：「算我看錯人了！這個可恥的野心家，他竟然要踐踏一切人的權力，做高踞所有人之上的暴君！」

貝多芬走到桌前，提起筆，使勁地在第一頁上面「唰唰唰」寫上了《英雄交響曲》幾個字，他決定將這部作品獻給世界上所有真正的英雄。

《英雄交響曲》為貝多芬的音樂創作揭開了新的一頁。

另一部名曲《命運交響曲》在 1809 年完成。聽過這部樂曲的人會被一開頭那四個極富表現力的音符所感染，│ 0333 │ 1——│，貝多芬對別人説：「這是命運在敲門！」

實際上，貝多芬在 1800 年便開始構思這部作品了。那時候他正在海利根斯塔特，正面對着生與死的抉擇，面臨着耳聾的威脅，正和命運搏鬥着。

貝多芬在這首樂曲中，充分表現了他向命運挑戰的決心。它是貝多芬第二創作階段的高峯，表示着他的表達能力已經到了爐火純青的地步。

著名音樂家柏遼茲是這樣評價這

知識門

柏遼茲：

（1803-1896），法國作曲家、指揮家、音樂評論家。是西洋音樂史上致力於標題音樂創作的浪漫派作曲家。重要作品有《幻想交響曲》、《羅密歐與朱麗葉》等。

部作品的：「……他在作品中展現的是他內在的思想、隱秘的痛苦、濃烈的激情和悲傷而沉重的冥想。」

《命運交響曲》在全世界都受到極高的評價。人們認為，這部樂曲的普遍意義，在於可以被不同文化背景的人所理解，語言和文化都不會成為障礙。它讓每一個聽眾都可以感受得到它所表達出來的激情。

如果說貝多芬是將所有的激情給了《命運交響曲》，那麼，他留給《田園交響曲》的則是平靜、淡雅和抒情。

貝多芬向來認為，一年之中最美好的季節是夏天。每到夏天，他都喜歡無拘無束地去到鄉間，走進大自然，去呼吸清新的空氣，飽覽迷人的風光。這裏可以遠離城市的喧囂，可以在大自然中尋覓美妙的樂章。

貝多芬常常喜歡邀請朋友，和他一起到荒郊野外或者是大森林中散步。他跟朋友說：「在那未被污染的大自然中，沒有人世間的醜陋和虛偽。在古樹參天的森林裏傾聽小河的流水聲；在美麗的果園裏沐浴柔和的陽光，欣賞滿園的果實；躺在綠茵的草地上，嗅着醉人的花香……啊，這是多麼令人快樂的事！」

的確，大自然是貝多芬創作靈感的泉源。他的許多樂曲都是在郊外構思，而他的許多著名樂曲，又都是在夏天完成的。大自然更造就了像《田園交響曲》這樣的

著名作品。

那是 1808 年的初夏，貝多芬又到了他最喜歡的海利根斯塔特去消夏。一進入那美麗的鄉村，貝多芬就感覺到心裏響起了一首鄉村交響曲。

一天清晨，貝多芬閉着眼睛躺在小溪邊，開始讓心中的樂神捕捉靈感。聽，大自然醒來了！小鳥在唱，蟲兒在鳴，蜜蜂在舞。貝多芬甚至還聽到了樹林、山丘、草地、花兒也在歌唱！這時候，一隻小百靈鳥飛來了，牠落在貝多芬的身旁，昂起小腦袋，唱出一支婉轉動人的樂曲。貝多芬睜開眼睛望着牠，心裏把牠當作音樂小精靈，在他腦海裏響起了一段優美的旋律……

一部名滿天下的《田園交響曲》就這樣誕生了。

為什麼貝多芬能夠寫出那麼好的作品？有人這樣說，貝多芬是用生命譜的樂曲。由於貝多芬寫的曲子實在太完美了，在他之後，交響曲成了一種難以超越的藝術形式。19 世紀的著名指揮家魏因加特納甚至認為：在貝多芬之後，再寫一部交響曲都是多此一舉。

想一想

1. 人們是怎樣高度評價貝多芬的交響曲作品的？

2. 「貝多芬是用生命譜的樂曲」，你認同嗎？為什麼？

十一　音樂怪人

　　1807 年後的一段日子，貝多芬的健康狀況不錯，耳疾也沒有繼續惡化下去。他在這個時期創作了大量作品，這些作品一首比一首輝煌，貝多芬的社會地位也日見提高。車爾尼説過：「他總是被當作一個特殊人物而備受尊崇，甚至那些不了解他的人都承認他的偉大。」

　　雖然這樣，貝多芬卻一點沒有因此而滿足，他一如既往地、認真地創作他的新作品。

　　貝多芬作曲時完全依靠他的筆記本，他常常將一些稍縱即逝的片段寫下來，不斷補充不斷修改。有些草稿在他的筆記本裏好幾年後，才被他用在作品中。

　　貝多芬作曲時十分投入，有時真是到了忘我的境界。一天中午，他來到一家小飯館準備吃飯，找了個位子坐下後，卻又不叫東西吃，只是神經質地用手指不斷地變換着節奏，敲打着桌面。飯館裏的人都奇怪地看着他，老闆認出了這就是那個讓人下淚的大音樂家，就悄聲叫侍者別去驚動他。貝多芬繼續沉浸在自己的音樂世界裏，時而敲打桌面，時而閉着雙眼在沉思，時而又拿出一張

五線譜紙，在上面揮筆疾書。

知識門

五線譜：

在五條平行橫線上標記音符的樂譜。

一個小時過去了，貝多芬大概已經完成了他的構思，這才如夢初醒地望了望左右，他朝老闆說：「結賬吧，多少錢？」

老闆忍不住笑了，他說：「先生，你還沒有用餐呢！」

貝多芬摸摸肚子，有點疑惑地說：「真的嗎？我還沒吃飯嗎？那麼，隨便給我拿點什麼吃的吧。」

貝多芬成名之後，許多畫家都想為這位音樂巨人畫一幅肖像畫，但是，以貝多芬這樣的個性和對工作的狂熱，又怎可能靜靜地坐下來給畫師當模特呢。所以，要給貝多芬畫一張肖像畫，並不是一件易事。年輕的畫家拉居斯·黑費爾決心克服困難，達成為貝多芬畫像的心願。

年青的畫家找到了貝多芬，十分懇切地表達了自己的願望，貝多芬居然答應了他的要求。於是，畫家在貝多芬指定的日子裏，帶齊畫具，畢恭畢敬地來到了貝多芬的琴室。貝多芬好像對這位年青人特別賞臉，還特地把臉上的鬍子剃得乾乾淨淨的，這令到畫家覺得向成功又邁進了一步。畫家在臨窗的地方找了光線適合的位置，請貝多芬坐下，就開始工作了。貝多芬倒是十分配合，按畫家的要求安安靜靜地坐了下來，他的臉上一直

帶着畫家希望的沉思的樣子。於是，畫家抓緊時機飛快地畫了起來。

可惜好景不長，才兩三分鐘時間，貝多芬就騰地從椅子上跳了起來，在屋子裏踱來踱去的，嘴裏哼着曲子，一雙手還在使勁地揮舞着。畫家洩氣了，正準備放棄時，卻出現了轉機：貝多芬忽然坐到了鋼琴前，將一首構思好的曲子演奏起來。

畫家靈機一動，這不正是作畫的最適當時機嗎？因為貝多芬一彈起琴來，就會持續很長一段時間。於是，畫家重新拿了一張畫紙，細心地將貝多芬彈琴時的生動表情畫了下來，後來以此畫作藍本，製作了一幅十分傳神的**銅版畫**。

知識門

銅版畫：

版畫的一種，在以銅為主的金屬版上刻畫或腐蝕成圖形，再印在紙上。

貝多芬對創作十分認真，但在日常生活中卻常常是不拘小節，特別是他從來都不注意穿着，一年到頭都是邋邋遢遢的，有時要面見一些舉足輕重的大人物也不例外。他的不拘小節已是人所共知，所以人們都見怪不怪，好像貝多芬本來就應該是這樣，太注重儀表的就不是貝多芬了。

樂長舒諾沙第一次與貝多芬見面時，就因為早先受

貝多芬的這些傳聞影響太深而鬧了個大笑話。那天，舒諾沙在貝多芬家門口敲門時，剛好貝多芬的僕人出去了，貝多芬便自己走出來開了門。舒諾沙說：「我想找貝多芬先生。」

貝多芬回答說：「我就是貝多芬，你有什麼事？」

舒諾沙把貝多芬細細一打量，只見他身穿一件用名貴衣料造成的簇新的藍色長外衣，外衣上金色的扣子在閃閃發光；下面穿着一條剪裁得很合身的筆直的白色長褲。這哪是貝多芬呢！舒諾沙有點不高興地說：「先生，別開玩笑了，你根本不是貝多芬。」

貝多芬愣了愣，很感興趣地盯着舒諾沙，說：「奇怪，你怎麼知道我不是貝多芬呢？」

舒諾沙得意地笑着說：「你瞞不過我，你穿得太講究了。」

貝多芬這才低頭看了看身上，他馬上顯出吃驚的樣子，驚叫起來：「糟糕！這衣服是誰的？」

原來，貝多芬的崇拜者們為了顧及偶像的形象，常常在半夜裏偷偷用新衣服換掉他舊的衣服。但貝多芬自己卻渾然不覺，第二天就穿上新衣服去見客人了，所以他不時會突然以異常講究的衣着打扮出現，讓見到他的人大吃一驚。

想一想

1. 貝多芬在作曲時是如何全情投入、忘了一切的？

2. 貝多芬對音樂如此認真，但日常生活中卻不拘小節，為什麼這樣呢？

十二　音樂家和詩人

與歌德的認識，是貝多芬生命中的一件大事。

貝多芬自小便喜歡歌德的作品，對這位德國詩人十分崇拜。據統計，貝多芬為歌德的詩或其他作品所譜的曲子有近二十首之多。他曾經將歌德的詩歌譜成愛情歌曲，送給了他最仰慕的女友。

1809 年，皇家劇院委託貝多芬為歌德的劇作《愛格蒙特》配樂，這使貝多芬十分高興，因為終於有了一個為偶像效勞的機會了。而且《愛格蒙特》又是貝多芬十分喜愛的一部作品。

為了更好地用音樂表達出這部作品的內涵，貝多芬又一次閱讀了這部劇作。這是一部描寫尼德蘭人民反抗西班牙侵略者的悲劇，劇中主要人物是尼德蘭起義領袖愛格蒙特。愛格蒙特是一個頂天立地的英雄，為了保衛祖國不惜犧牲生命。他用自己的鮮血，喚醒了人民，鼓舞了人民的鬥爭勇氣。

在愛格蒙特身上，充分體現了貝多芬嚮往的英雄主義精神，所以貝多芬一直以來都很喜歡這部作品。貝多

芬花了很多時間和心血去為這部作品譜曲，整個作品用了九個月時間才完成，詩人和音樂家的理想完美地結合在一起，是一部相當成功的作品。

雖然貝多芬為這部作品付出大量的時間和精力，但當皇家劇院派人將高額的酬金送去給他的時候，他卻拒絕了。他對來人説：「這些錢我是不會要的。我之所以答應為這部作品譜曲，完全是出於對這部傑作的熱愛，還有就是對歌德先生的尊敬。」

在交出作品的第二日，貝多芬又親自給歌德寫了一封信，信裏説：「……我對您充滿了無比的敬仰，對您的作品有一種難以言表的感情。我滿懷激情地讀完了《愛格蒙特》，又懷着對您的尊敬和理解為作品譜寫了樂曲。希望能聽到您的意見，即使是批評，我也十分樂意接受，就像接受您最高的讚揚一樣。」

歌德那時對貝多芬還不怎麼了解，他只是客客氣氣地回了一封信，表達對貝多芬的衷心感謝。

這兩位德國藝術史上最偉大的人物最終成為了好朋友，還是一位叫柏蒂娜的年輕女子幫忙的呢！

柏蒂娜的母親曾和歌德相愛，後來不知因為什麼而未能成為夫妻。柏蒂娜很小的時候母親就去世了，她長大以後，無意中讀到了歌德寫給母親的八十多封情信，

十分感動，之後竟然對年長她幾十歲的歌德發生了一種微妙的感情，兩人成了**忘年交**①。

有一次，柏蒂娜在哥哥家聽到了貝多芬的音樂，她馬上被吸引了，急切地問哥哥：「快告訴我，這是誰的作品？」

哥哥告訴她，這首樂曲的作者，就是維也納著名音樂家貝多芬。柏蒂娜馬上懇請哥哥想辦法，讓她認識貝多芬。

哥哥為難地說：「貝多芬不是你想見就可以見的。而且，他的脾氣相當古怪，不容易接近，你還是別去碰這個釘子。」

可是，柏蒂娜卻不顧一切地自己跑去找貝多芬。不知是被柏蒂娜真誠的崇敬感動了，還是因為這位樂迷的確是一位美貌動人又熱情機靈的女孩子，柏蒂娜和貝多芬竟然在一刻鐘之內就成了無所不談的好朋友。當貝多芬知道柏蒂娜和歌德的關係時，高興極了，他告訴柏蒂娜：「歌德的詩歌對我的最大魅力，不僅在於它的內容，而且在於它的節奏。他的作品，能激起我的創作慾望……」

當天晚上，柏蒂娜迫不及待地給歌德寫了一封信，

---

① **忘年交**：年齡差別大、輩份不同而交情深厚的朋友。

告訴他見到貝多芬的事。她寫道：「……聽到他的音樂，我忘了整個世界！……」她告訴歌德，貝多芬是怎樣的崇拜他，熱愛他的作品。她熱切地希望他們兩人能成為好朋友。

歌德的反應雖然沒有柏蒂娜期望的那樣積極，但他還是肯定了柏蒂娜對貝多芬的評價，他還通過柏蒂娜，請貝多芬把用他的詩譜成的曲子寄給他。

柏蒂娜總想找個機會讓貝多芬和歌德見面，但可惜的是，她不久就結婚了，之後又不知為了什麼和歌德鬧翻，兩人斷了聯繫。

直到 1812 年 7 月，歌德應奧地利皇后邀請來特普利策會面，剛好貝多芬在這裏治療耳疾，兩人終於見面了。

貝多芬非凡的才華和獨特的個性，馬上吸引了歌德，這時候，他才徹底明白當年柏蒂娜為什麼會對貝多芬這樣着迷。

歌德曾對他的夫人說過：「我從未見過一個比貝多芬精神更振奮、精力更充沛、感情更真摯的藝術家！」

歌德向來自視很高，貝多芬能夠得到他這麼高的評價，實屬難得。

貝多芬終於見到了少年時就開始仰慕的偶像，當然很高興，他常常邀歌德一起到外散步，一同探討藝術上

的問題。相處時間多了，兩個人在為人處世上的差異明顯地表現了出來，貝多芬對歌德在貴族前表現出來的謙卑很是不滿。

貝多芬從來就是一個不畏權貴的人。雖然，在他的生活道路上，曾經不斷地得過一些貴族的幫助，但他卻從來不會因為曾經得過他們的幫助而卑躬屈膝。在他的心目中，貴族和平民百姓，在人格上是平等的，應該互相尊重才是。曾經對貝多芬幫助很大的李希羅夫斯基伯爵，就是因為有一次對貝多芬不尊重，兩人從此斷了來往。

那是在普法戰爭時期，奧地利被法國軍隊佔領，法軍有一個司令部設在李希羅夫斯基伯爵位於西里西亞的別墅。有一次，貝多芬去探望伯爵，每天都要和那些法國軍官一起進餐。一個法國將軍久聞貝多芬大名，就想請他在飯後演奏一曲。本來，貝多芬對於喜歡他音樂的人，多數都會有求必應的，但偏偏這位法國將軍自恃位高權重，言語間未免有些傲慢，這可把倔強的貝多芬激怒了，飯都沒吃完就離席而去。

李希羅夫斯基伯爵見到那位將軍面色十分難看，就追了出去，拉住貝多芬，說：「請您看在我的面上，就彈一首吧。」

貝多芬氣呼呼地說：「這種人不配聽我的音樂！」

　　伯爵見貝多芬一點面子也不給，老羞成怒，就馬上擺起了他的貴族架子，說：「那好吧，您以後就自己關在房間吃飯好了，別丟我的臉！」

　　貝多芬一聽，勃然大怒，大聲說：「您的臉值錢，我的臉就不值錢？！伯爵算什麼？伯爵有千千萬萬個，而我貝多芬，在全世界卻只有一個！」

　　說完，就跑回房間，收拾行李，離開了別墅。

　　貝多芬從來都這樣認為，貴族之所以成為貴族，只是因為上一輩的蔭庇，和皇帝的恩賜。而自己之所以成為著名音樂家，完全是由於自己的刻苦努力，所以，自己更應該得到別人的尊重。所以，他對歌德在貴族面前表現出來的謙恭很不以為然。

　　有一天，貝多芬和歌德正手挽手在林蔭小道上散步，遠遠看見公爵和幾個皇室成員走了過來。貝多芬對歌德說：「別管他們！現在應該是他們向我們讓路，而不是我們向他們讓路。」

　　但歌德卻不敢這樣做，他甩開了貝多芬的手，站到一旁，摘下帽子等着。貝多芬無可奈何地瞪了他一眼，自己大搖大擺地直朝那班貴族走了過去。那些貴族見是貝多芬，都很有禮貌地給他讓路，有的人還向他敬禮，顯得非常尊重。而歌德卻向貴族們一一行禮，等他們走

過去後，才急忙追上貝多芬。貝多芬搖搖頭，説：「別忘了你是著名的詩人啊，你使他們太榮幸了！」

雖然這樣，但並沒有影響兩個人之間的友情，貝多芬依然以認識歌德為榮。有一次，貝多芬和朋友閒聊，對方提起曾經見過歌德，貝多芬馬上高興地説：「你也認識偉大的歌德？太好了。我和他是老朋友了，他可是一個才華蓋世而又厚道的人啊，認識他真是我的幸福！」

而歌德為了更好地了解貝多芬音樂的內涵，特別請一個年輕的音樂家給他上音樂課。他還將貝多芬送給他的一部樂曲**手稿**①一直珍藏着，每逢有從事音樂的朋友來訪時，他便將手稿拿出來，鼓勵他們以貝多芬為**楷模**②，做一個真正的音樂家。

想一想

1. 貝多芬為什麼這樣喜歡《愛格蒙特》這部作品？
2. 貝多芬和歌德是好朋友，但他們在為人處世上卻有着很大的差異。你和朋友也有類似情況嗎？你會如何處理這些差異？

---

① **手稿**：指親手寫成的底稿。
② **楷模**：指榜樣、模範。

十三 身邊的崇拜者

貝多芬成了樂壇大師之後，他的身邊漸漸有了許多崇拜者。

貝多芬年輕時候，曾經得到過海頓、莫扎特等音樂大師的幫助和指導，在樂壇上留下了不少佳話。貝多芬成名之後，也和他的老師們一樣，對下一代的作曲家們給了不少熱情的幫助。他們之間的交往，又在音樂史上留下了新的一頁。

韋伯是一位樂壇新人，他一直很想去拜訪貝多芬，但又害怕貝多芬不肯見他。說起他和貝多芬之間，還有段故事呢。

當貝多芬的《英雄交響曲》問世的時候，有一部分人由於不懂得欣賞，對樂曲進行了猛烈的抨擊。認為這部樂曲「難演奏」、「混亂得失去方向」、「完全缺乏完整性」等等。而年少氣盛的韋伯也在一份叫做《晨報》的報紙上發表了一篇匿名文章，取笑《英雄交響曲》是一部不

知識門

韋伯：

（1786-1826），德國作曲家。致力於歌劇創作，所作的《魔彈射手》，被認為是德國第一部浪漫主義歌劇。

完美的作品。

當韋伯的音樂欣賞水平和創作能力都不斷提高之後，他才真正領略了這部樂曲的出色和偉大，他不禁為自己當時的幼稚和無知而懊悔。雖然他寫那篇文章並沒有用真名，貝多芬也不會知道那個詞語尖刻的人是誰，但韋伯心裏一直覺得內疚，不敢面對這位已經名滿天下的音樂大師。

一天，有兩位朋友跑來找韋伯，邀他一起去拜訪貝多芬。韋伯鼓起勇氣跟着去了。進門的時候，韋伯跟在兩位朋友的後頭，畏畏縮縮的，心裏慌得撲通撲通地亂跳。

當貝多芬知道了眼前這位年輕人就是韋伯之後，一手把他拉到身邊，一邊擁抱一邊笑呵呵地説：「是你呀，好傢伙，怎麼一直不來看我！」

貝多芬熱情地讓他們坐下，又特意叫韋伯坐在自己身邊，拿出談話本，準備好好地交談。韋伯見貝多芬對自己這麼客氣，心裏更難受了，他決心要為自己的淺薄無知向貝多芬道歉，他鼓起勇氣，説：「貝多芬先生，你記得當年《晨報》上那篇攻擊你的文章嗎？那篇文章其實是⋯⋯」

貝多芬一直瞪大眼睛看着韋伯寫字，看到這裏，馬上阻止他寫下去，還大聲説：「嘿，別再提這些陳年舊

事了，我們來講些開心的。」

貝多芬大讚韋伯最近的一部歌劇寫得好，鼓勵韋伯再接再勵，寫多些好作品。

韋伯真沒想到這次見面會是這麼愉快，還得到大師的讚賞和勉勵，他的緊張心情馬上放鬆了。他們談了很長時間，韋伯虛心地請教了貝多芬許多問題，貝多芬也不厭其煩地給了他很好的指點，兩人談得很融洽很投契。臨走時，貝多芬一再擁抱韋伯，還說：「祝你的新劇演出成功。如果有可能，我會來看首演！」

弗朗茲·**舒伯特**是貝多芬最忠實的崇拜者。從學生時代起，他就迷上了貝多芬的每一部作品，他之所以走上音樂創作的道路，可以說也是由於受了這些作品影響。

舒伯特和貝多芬同住在維也納，但當時貝多芬已經是聲名遠播的音樂家，而舒伯特還只是個名不見經傳的樂壇新人。1822 年的一天，舒伯特鼓起勇氣，拿了自己的作品去向貝多芬請教。

舒伯特的性格十分靦腆害羞，當他一見到自己仰慕

知識門

舒伯特：

（1797-1828），奧地利作曲家，作品以歌曲最為著名，共六百餘首，代表作為《魔王》、《野玫瑰》等。所作的十部交響曲作品中，以《b 小調交響曲》（即《未完成交響曲》）最為著名。

已久的大師時，原先想好的話全忘了，他結結巴巴地説：「貝⋯⋯貝多芬先生，我帶來一些作品，您能⋯⋯能指教指教嗎？」

貝多芬一聲不響，只作了個「請」的姿勢，把舒伯特讓進屋裏。舒伯特仍然緊張得很，他用筆和貝多芬交談時，一雙手抖得幾乎寫不出字。貝多芬似乎察覺了他的不安，盡量用溫和的語氣和他説話。還拿起舒伯特帶來的作品認真地看起來。他一邊看一邊點頭，看着看着，他指着曲譜中一個地方説：「這裏有一個和聲上的錯誤，以後要注意。」

舒伯特的臉「唰」一下紅了，他趕緊説：「是，是，我真粗心。」

貝多芬馬上安慰他説：「這不是大錯，其實你的歌寫得都很好，只要你繼續努力，便會成為一個出色的作曲家。」

舒伯特激動地漲紅了臉。在他眼中，貝多芬是樂壇上萬能的神，如今，這位「神」竟然就坐在他身旁，毫不理會他的失態，和顏悦色地教導和鼓勵他，這一切，怎不叫舒伯特又驚又喜呢！

貝多芬自從看了舒伯特的作品之後，就一直十分關注這位新人，他還常常和樂壇上的朋友提到舒伯特，表

示讚賞。在他患病臥牀的時候，有朋友給送來了舒伯特的一批新作，貝多芬看後激動得大聲喊了起來：「你們聽着，舒伯特將轟動全世界！」

貝多芬説對了，舒伯特後來果然轟動了世界，被譽為歐州音樂史上的「歌曲之王」。而舒伯特在許多年之後，仍然對貝多芬心懷感激，覺得自己之所以取得如此大的成就，全賴貝多芬的影響和激勵。

其實，受貝多芬影響的又何止韋伯和舒伯特，之後一百多年所出現的門德爾松、舒曼、勃拉姆斯、李斯特、柏遼茲等許多許多著名音樂大師，都是在貝多芬音樂思想影響下成

知識門

門德爾松：

(1809-1847)，德國作曲家。其作品結構工整，旋律流暢。所作五部交響曲中，以第二（《蘇格蘭》）、第四（《意大利》）交響曲及《赫布里底島》（又名《蘇皮爾洞》）序曲較為著名。

舒曼：

(1810-1856)，德國作曲家、音樂評論家。早期創作均為鋼琴曲，包括《蝴蝶》、《狂歡節》等。1840年主要從事歌曲創作，所作的二百多首歌曲大多在這一年寫成。

勃拉姆斯：

(1833-1897)，德國作曲家。創作上受貝多芬、舒曼的影響很深。重要作品有交響曲、協奏曲、管弦樂等。

李斯特：

(1811-1886)，匈牙利人，著名鋼琴演奏家、作曲家。他是第一位將一些管弦樂及歌曲改編為鋼琴曲的作家。主要作品有交響曲《浮士德》、交響詩《塔梭》、管弦樂曲《匈牙利狂想曲》、《愛之夢》。

長起來的。羅曼·羅蘭曾經這樣説過：貝多芬「行為的光輪，照耀着整個世紀，孵育着許多不同的天才！」

想一想

1. 貝多芬是如何對待批評過自己的人的？

2. 貝多芬是怎樣關心樂壇新人的？

十四 姪兒卡爾

貝多芬一生都沒有建立自己的小家庭，但他卻常常被家庭問題煩惱着。他還是個孩子的時候，就因為母親早死而父親又酗酒過度，小小年紀就要擔起家長的責任，為養育兩個弟弟——卡爾和約翰，付出了艱辛的代價。但兩個弟弟長大以後，不但沒有感恩圖報，好好地對待哥哥，反而常常為貝多芬帶來許多麻煩和痛苦。

貝多芬離開波恩不久，父親就去世了，貝多芬為了讓兩個弟弟生活無憂，自己拚命工作，為他們籌集了一筆足夠的生活費和教育經費。幾年之後，兩個弟弟希望到大城市發展，貝多芬又把他們接到了維也納，一直撫養他們到成年。兩人成家立室，約翰當了銀行出納，卡爾當了藥劑師。本來，貝多芬可以鬆一口氣了，但是兩個弟弟的家庭生活都十分失敗，常常要貝多芬充當調解的角色，這令到貝多芬十分煩惱。尤其是小弟弟卡爾，不僅自己一事無成，死後還給貝多芬留下了許多家庭問題，給晚年的貝多芬造成了極大的傷害。

卡爾的妻子叫約翰娜·賴斯。早在他們談戀愛的階

段，貝多芬就千方百計地阻撓，因為約翰娜是一個放蕩、庸俗的女人。但因為約翰娜當時已經懷了卡爾的孩子，他們終於結合了。婚後三個月，孩子就生了下來，也取名卡爾。就是這個小卡爾，給貝多芬的晚年生活帶來了極大的痛苦。

貝多芬是一個很重感情的人，儘管兩個弟弟從小到大都給他添了很多麻煩，但他還是很愛他們，希望他們能過上好日子，也希望他們的下一代有出息。1815 年卡爾患了肺病，眼看沒救了，貝多芬很傷心，他決心代替弟弟去盡父親的責任、將小卡爾培養成材。他要求弟弟立下**遺囑**[1]，讓他單獨享有小卡爾的**監護權**[2]。

但是，作為母親的約翰娜又怎會答應，於是，在卡爾的病牀前，就開始了這場艱巨的孩子之爭。約翰娜在卡爾臨終前，終於逼着丈夫，立下了讓她和貝多芬共同擁有孩子的監護權。這可把貝多芬氣壞了，他大聲叫嚷着：「想把我和這個壞女人綁在一起，休想！孩子也不能跟她在一起，有這樣的母親，孩子會感到羞恥的！」

弟弟去世之後，貝多芬就迫不及待地向法院提出申

---

[1] **遺囑**：人在生前或臨死前用口頭或書面形式囑咐身後各事應如何處理。
[2] **監護權**：監護在法律上是指對未成年人、精神病人等的人身、財產以及其一切合法權益的監護和保護。監護權是指執行這種監護的權利。

請，要求獲得孩子的獨立監護權。法院經過調查，覺得約翰娜的品行，的確會對孩子造成不良影響，就判貝多芬為小卡爾的唯一合法監護人。

貝多芬開心極了，他拉着姪兒的小手走出法院大門，一邊走一邊對孩子說：「以後，你就把伯伯當成是父親好了。現在，伯伯就帶你去買新衣服，帶你去吃好東西！你喜歡吃什麼？」

小卡爾沒有反應。貝多芬彎下身子一看，孩子噘着嘴，眼裏含着淚，他吃驚地問：「你怎麼啦？我們打贏了官司，應該高興才是啊！」

孩子卻哇地一聲哭了，他嗚咽着說：「我要媽媽，我要媽媽！」

貝多芬的腦子「嗡」的一聲，他差點跌坐地上，孩子的話，是那樣尖利地刺傷了他的心。對於這個姪兒，他寄於了那麼大的希望，投入了那麼多的感情，可是，孩子顯然不領這份情，他要的是媽媽！

雖然這樣，貝多芬仍然一如既往地愛着小卡爾，他寧願自己節衣縮食，不惜付出昂貴學費，將姪兒送進了一間最好的貴族學校讀書，他要將孩子培養成一名偉大的音樂家，一位真正的學者。

一向生活上不拘小節的貝多芬，就像一個慈父一樣，

細心地親自為小卡爾打點一切。在他的記事本上，記着為卡爾做衣服所需的布料和手工費，記着卡爾喜歡吃的薄餅和糖果。他還經常到學校了解卡爾的學習情況，請老師對孩子多多照顧。

有一次，貝多芬又到學校去了。老師一見到他，就皺着眉頭説：「卡爾最近常常曠課，不知到哪裏玩去了，問他也不肯講。您得好好跟他談談。」

貝多芬生氣極了，回家見了卡爾，就嚴厲地説：「告訴我，你不上學，是到哪去了？」卡爾沒吭聲，只是低下頭，躲閃着貝多芬嚴厲的目光。

貝多芬更火了，怒吼着：「我知道，你一定是到你母親那裏去了，是不是？真不長進！」

卡爾哭了，淚珠大滴大滴地流了下來，把衣服濕了一大片。貝多芬看見姪兒這樣，馬上又心痛起來。他拿出一塊手帕，一邊替卡爾擦眼淚，一邊説：「好了好了，別哭了，伯父是為了你好。你老是曠課，會被學校開除的。」

在這期間，約翰娜一次又一次地向法院提出訴訟，要求奪回兒子的監護權。有一次官司竟打了五年之久。這些事令到貝多芬極為煩惱，也直接影響了他的音樂創作。但為了姪兒，他一點也沒有放棄的意思，決心奉陪

到底。

但相反卡爾卻是一次又一次地使他傷心。據貝多芬的朋友芳妮·德·里奧回憶，有一次貝多芬驚慌失措地敲開了他們家的門，他是那樣痛苦，那樣焦慮，他嘴裏含混不清地說着什麼，以至里奧半天都搞不清發生了什麼事。後來，貝多芬拿出一封信，里奧一看，信是卡爾寫的，在列出了好些無情無義的理由之後，告訴伯父他要回到母親身邊，再也不回來了。里奧說，貝多芬那天傷心落淚的情景，令他一輩子忘不了。

由於法院的干預，約翰娜不得不讓卡爾回到貝多芬那裏。1825 年，貝多芬希望送卡爾到大學讀書，但卡爾根本無心向學，他執意要去參軍。在貝多芬的苦苦說服下，最後他只答應去讀商業學校。

本來，讀商業學校照樣可以有出色。但卡爾偏偏不好好讀書，空餘時間全部花在打桌球，與一些浪蕩子弟來往，花天酒地，結果欠了人家很多錢。

貝多芬很生氣，兩代人之間發生了一次又一次的衝突。卡爾對伯父的規勸越來越反感，就揚言以死來威脅。貝多芬以為他只是說說而已，也沒把這話放在心上，誰知道任性的卡爾真的跑去買了一支手槍，獨自一個人跑到一處古堡遺址，朝自己頭部開了兩槍，第一槍子彈打

飛了，第二槍打個正着，重傷倒地。

這件事給了貝多芬一個致命的打擊。對姪兒的所有期望都化為泡影，他決定放棄了，讓卡爾走自己的路。

雖然這樣，貝多芬還是那樣寵愛着卡爾。卡爾住院期間，他一有空就往醫院跑，每次都塞給護理員一些錢，叮囑他好好照顧卡爾。他還給卡爾寫了一張字條，上面寫道：「如果你有什麼不開心，就叫你母親告訴我。」

據資料顯示，卡爾死於 1858 年，他的兒子路德維西也是一個敗家子，死於紐約。路德維西也有一個兒子，1917 年由於意外事故不幸死於維也納，他是貝多芬家族的最後一個後人。

想一想

1. 平常不拘小節的貝多芬，是如何細心地照料着姪兒卡爾的？

2. 卡爾用自殺來威脅伯父，你對這種不理智的行為怎麼看？

十五 最後的輝煌

「在這悲苦的深淵裏，貝多芬從事於謳歌歡樂。」這是著名作家羅曼‧羅蘭對貝多芬的由衷讚美。貝多芬的一生是多災多難的，但他並沒有因此而沉淪，他以堅強的意志，在困境中創造輝煌，用他的痛苦換來全人類的歡樂。貝多芬音樂事業的頂峯，就是那部以謳歌全人類的歡樂為主題的《第九交響曲》。

被譽為「不朽之作」的《第九交響曲》是在貝多芬全聾的情況下創作出來的。為了解決失聰的困難，貝多芬找來了一根小木桿，一端插在鋼琴箱裏，一端咬在牙齒中間，在作曲時用來聽音。這個十分特別的聽音器，至今還陳列在波恩的貝多芬博物館裏。

《第九交響曲》在貝多芬的作品中佔有特別突出的地位，可以說，是他交響曲創作偉大成就的總結。作品最集中地體現了作者的思想境界和藝術境界，在第四樂章裏，貝多芬把德國詩人席勒的《歡樂頌》譜成合唱曲，曲中唱道：「歡樂女神，聖潔美麗，燦爛光芒照耀大地。我們懷着火樣的熱情，來到你的聖殿裏，你的威力能把

人類團結在一起，在你溫柔的翅膀之下，一切人類成兄弟。」貝多芬以極其華麗的樂音譜寫了他所憧憬的光明與歡樂。

作品即將上演的時候，貝多芬又猶豫了。在當時，維也納人的欣賞趣味開始變得平庸，他們很注重那種感官娛悅的旋律，像《第九交響曲》這樣內容深刻的作品，他們懂得欣賞嗎？個性高傲的貝多芬絕不能容忍自己這一心血之作被冷落，於是他決定把作品拿到柏林去首演。

知識門

柏林：
現在的德國首都，歐洲大城市和重要國際交通樞紐之一。

消息傳開後，整個維也納為之震動。三十多位知名人士馬上聯名寫了一封信給貝多芬，懇請他把這一光榮留給維也納。這封誠摯而又熱情洋溢的信打動了貝多芬，他決定改變初衷，在維也納舉辦一場大型音樂會，演出《第九交響曲》和其他新作品。

1824 年 5 月 7 日，《第九交響曲》在凱爾特納托爾劇場首演。那一天成了維也納盛大的節日，劇場裏座無虛席，觀眾們穿上了自己最華麗的衣服，早早就進了場坐好；劇場外還擠滿了買不到票的人，他們雖然不能進去，但也希望在門口感受一下這空前的盛況。

這是貝多芬一生中最輝煌的一天，也是人類音樂史

上輝煌的一天。

帷幕拉開了，舞台上盡是最好的演奏家，最好的歌唱家，而指揮台上，站立着手拿指揮棒的貝多芬。雖然他的耳朵已經聽不見，但他卻堅持要親自指揮這次演奏會。

演出開始了，貝多芬完全投入到樂曲的歡樂場景中去，似乎進入了一種迷狂的境界。他在台上跑來跑去，一會兒把手臂高高舉起，一會兒又蹲坐地上，他手舞足蹈，彷彿要獨自演奏所有樂器、代表整個樂隊。但其實，因為聽不見聲音，他指揮得毫無章法，但人們誰也沒有去告訴他，讓他自我滿足，自我陶醉。而指揮家烏勞夫則站在一旁，充當了真正的指揮，所有的演員都看他的指揮棒行事。

全場觀眾聽得如癡如醉，演奏到第二樂章時，樂曲聲完全被掌聲打斷，以至不得不重新演奏一次。

演奏結束時，歡呼聲、掌聲震撼着整個劇院。但完全喪失了聽力的貝多芬由於背着觀眾，根本聽不到這驚天動地的聲音。一位女歌唱家含着眼淚將他撥轉身，他才發現了這狂熱動人的場面，巨大的幸福襲遍他全身，他突然像個孩子一樣，嗚嗚地哭了起來。

《第九交響曲》成為音樂史上最光輝燦爛的篇章之

一。

創作完《第九交響曲》以後，貝多芬身體越來越差，風濕病、心臟病、肝炎……多種疾病在折磨着他。但他一刻都不肯停下來，因為在他的計劃中，還有許多呼之欲出的作品，他要在有生之年把這些作品完成。但是，他那極度虛弱的身體卻使這個計劃難以實現。到了 1826 年，貝多芬已是百病纏身，躺在病榻上再也不能起來了。

朋友們為他請來一個又一個名醫，但都未能治好他的病。貝多芬知道自己不久於人世，便趁自己神志還清醒的時候立下了遺囑。雖然姪兒卡爾讓他傷心，但他還是在遺囑中申明，卡爾是他的唯一繼承人，貝多芬死後留下的財產全部歸卡爾所有。

1827 年 3 月 26 日下午，貝多芬躺在牀上已經失去了知覺，只剩下微弱的呼吸。突然間空中響了一聲帶着閃電的驚雷，貝多芬緩緩地睜開了雙眼，向天空凝視了幾秒鐘之後，又慢慢閉上了。他的心臟也停止了跳動。

葬禮在 1827 年 3 月 29 日舉行。維也納政府和市民以最隆重的儀式為偉大的音樂家貝多芬送行，參加者有兩萬多人。為貝多芬扶靈的全是當時最著名的音樂家，走在隊伍最前面的，是滿臉哀傷的著名作曲家舒伯特。

不朽的音樂大師貝多芬，在他自己創作的樂曲聲中，

在所有熱愛他的人們的簇擁下，走完了他交織着痛苦與歡樂之人生的最後一段路！

想一想

1. 貝多芬為了解決失聰帶來的困難，他用了什麼辦法來聽音？
2. 貝多芬的什麼地方最值得你學習和欣賞？為什麼？

大事年表

公元	年齡	事件
1770年		12月16日出生於德國波恩。
1775年	5歲	跟父親學習鋼琴、小提琴。
1778年	8歲	跟宮廷老風琴師伊登學習音樂理論及管風琴。同年3月，第一次登台演出。
1781年	11歲	輟學，隨宮廷管風琴師、作曲家尼費正式學習音樂。
1782年	12歲	代理管風琴師職務。
1783年	13歲	擔任劇院樂隊指揮。擔任宮廷樂隊中的古鋼琴獨奏與伴奏。出版《鋼琴變奏曲》。
1784年	14歲	正式獲委任為副風琴手。
1787年	17歲	第一次訪問維也納，與莫扎特會面。同年7月17日，貝多芬母親病逝。
1792年	22歲	第二次往納也納，拜海頓為師。同年十二月，父親去世。
1796年	26歲	耳朵開始出現毛病。

公元	年齡	事件
1799年	29歲	創作《悲愴奏鳴曲》。
1800年	30歲	創作《第一交響曲》。
1801年	31歲	創作《月光奏鳴曲》。
1802年	32歲	完成《第二交響曲》。
1804年	34歲	完成《英雄交響曲》。
1805年	35歲	耳病越來越嚴重。
1806年	36歲	創作《第四交響曲》。
1808年	38歲	創作《第五交響曲‧命運》和《第六交響曲‧田園》。
1815年	45歲	開始用筆與人交談。12月被授予維也納榮譽公民稱號。
1816年	46歲	耳朵全聾，全靠筆談與人溝通。
1824年	54歲	創作《第九交響曲》並首次公演，獲得巨大成功。
1827年	57歲	創作《第十交響曲》，未完成。3月26日病逝。

貝多芬作品背後的軼事

貝多芬一生創作了許多傑出而且動人的作品，這些作品背後還有一些有趣的軼事。一起來看看吧！

《第九交響曲》

貝多芬把德國詩人席勒的《歡樂頌》譜成合唱曲《第九交響曲》，這首樂曲是倫敦愛樂協會（即現在的皇家愛樂協會）委托貝多芬創作，當時獲得的報酬是 50 英鎊，可是它的價值卻是無價的，它成為極具世界影響力的名曲之一，傳唱至今。它的第四樂章部分音樂，成為歐洲聯盟的盟歌和歐洲委員會的會歌。這首樂曲還是第一首單一音樂作品獲聯合國列為「世界人類文化遺產」。

《給愛麗絲》

這是貝多芬在生時並沒有發表過的作品。愛麗絲是誰？比較主流的說法是，貝多芬曾經對一個名叫特蕾莎·瑪爾法蒂（Therese Marfati）的女學生產生好感。他寫了一首《a 小調巴加泰勒》的小曲贈給她，並在樂譜上題上了「給特蕾莎」。這份樂譜一直留在特蕾莎那裏。直到 19 世紀 60 年代，德國音樂家諾爾為貝多芬寫傳記，在特蕾莎的遺物中發現了這首樂曲的手稿。諾爾在出版

這首樂曲的樂譜時，可能由於原稿筆跡太潦草，他錯誤地把曲名寫成《給愛麗絲》了。

《月光奏鳴曲》

這首樂曲原名是《升 c 小調第十四鋼琴奏鳴曲》，會冠上「月光」這名字，是因為德國詩人路德維希·萊爾斯塔勃聽後，將此曲第一樂章作了一個優美比喻：「猶如在瑞士琉森湖月光閃爍的湖面上搖盪的小舟一般」。關於此曲，坊間更流傳着一段感人的故事：有一天，貝多芬無意中聽到一間木屋傳出他創作的一首鋼琴樂曲。琴音突然停止，一把女聲說道：「這段太難了，總是彈不好。如果能聽到貝多芬彈奏就好了！」另一把男聲說道：「可是我們太窮了，買不起音樂會的門票啊。」貝多芬聽後十分感動，進屋後發現原來彈琴的是一個失明少女，於是他便為她彈奏剛才的樂曲。突然，一陣風把蠟燭吹熄，月光從窗口射進屋裏。貝多芬靈感閃現，即興譜出了這首曲。

　　貝多芬的一生跟隨了不少老師學習音樂，你認為誰是他最感激、最敬佩的呢？假設你是貝多芬，請寫一封信給那一位老師，表達感激之情吧！